Verena Keil (Hg.)
Ich schenk dir einen Regenbogen

Über die Herausgeberin

Verena Keil ist Lektorin bei Gerth Medien und hat schon eine ganze Reihe erfolgreicher Geschichtensammlungen sowohl für Jugendliche als auch für Erwachsene herausgegeben.

Verena Keil (Hg.)

Ich schenk dir einen Regenbogen

Helle Gedanken für trübe Tage

Der Verlag weist ausdrücklich darauf hin, dass im Text enthaltene externe Links vom Verlag nur bis zum Zeitpunkt der Buchveröffentlichung eingesehen werden konnten. Auf spätere Veränderungen hat der Verlag keinerlei Einfluss. Eine Haftung des Verlags ist daher ausgeschlossen.

Die automatisierte Analyse des Werkes, um daraus Informationen insbesondere über Muster, Trends und Korrelationen gemäß § 44b UrhG („Text und Data Mining") zu gewinnen, ist untersagt.

Für die Bibelzitate wurden, wo nicht anders angegeben, folgende Übersetzungen verwendet:
„Hoffnung für alle". © 1983, 1996, 2002, 2015 by Biblica Inc.™
Verwendet mit freundlicher Genehmigung des Herausgebers Fontis.
Weiterhin wurden folgende Übersetzungen verwendet:
Neues Leben. Die Bibel. © 2002, 2006, 2017 SCM R.Brockhaus im SCM-Verlag GmbH & Co. KG, Witten. (NL)
Gute Nachricht Bibel, revidierte Fassung, durchgesehene Ausgabe.
© 2000 Deutsche Bibelgesellschaft, Stuttgart. (GN)
Lutherbibel, revidierter Text 1984, durchgesehene Ausgabe.
© 1999 Deutsche Bibelgesellschaft, Stuttgart. (LU)
Die Volxbibel. © Martin Dreyer, www.volxbibel.de (VB)

1. Auflage 2025
Bestell-Nr. 821106
ISBN 978-3-98695-106-1

Umschlaggestaltung: Hanni Plato
Umschlagillustration: Shutterstock, Slastick_Anastasia Dudnyk
Satz: Carsten Schmidt
Druck und Verarbeitung: Dimograf
Printed in Poland

www.gerth.de

Inhalt

Vorwort 7

Leere Hände füllen 10
Der Regenbogen 13
Kann es nicht wieder sein, wie es mal war? 15
Gott reicht mir die Hand 21
Seine Kraft ist in meiner Schwachheit mächtig 23
Wenn Jesus sagt: „Lernt von mir!" 26
Überrascht von Gott 29
Auf der Suche nach Sicherheit 32
Verlass dich auf Gottes Verheißungen 35
Ermutigende Verheißungen für dich 39
Wenn ein Wunsch in Erfüllung geht 43
Lernen, auf Gott zu warten 47
Ein Liebesbrief von Gott 48
Das Fenster für Gott öffnen 49
Gottes Sehnsucht nach dir 52
Geküsst von einem Engel 54
Die Kraft des Lächelns 56
Zwölf Gute-Laune-Tipps für dich 58
Gute Gedanken aus der Bibel für dich 70
Das Geschenk des Glaubens 71
Eine Gelegenheit zur Freude 74
Eine Schachtel für Sorgen und Herzenswünsche ... 76

Zwei Hemden 77
Dank für die alltäglichen Dinge 78
Die Brille der Dankbarkeit 81
Der erste Gedanke 83
Warum Stille lebensnotwendig ist 85
Ruhe für die Seele................................ 88
Bei Gott zur Ruhe kommen 90
Sechs Fragen an dich 92
Aufblühen in Gottes heilsamer Nähe 93
Musik in meinen Ohren 99
Wenn Gott durch Träume spricht 102
Gottes leise Stimme hören 104
Das Gebet der liebenden Aufmerksamkeit 106
Wunder 108
Engel – Gottes unsichtbare Helfer 111
„Und der Herr war nicht im Sturm ..." 115
Das Gesicht in die Sonne strecken 119
Gott hat alles in seiner Hand 121
Das Puzzle des Lebens 122
Zukunft und Hoffnung 124
Ein Gebet 127
Unterwegs Richtung Himmel 128
Du bist berufen – ein Segen für dich 133

Quellenverzeichnis 135

Vorwort

Manchmal fühlt sich das Leben so an, als ob dicke Regenwolken über uns hängen. Es ist grau und trüb, und vielleicht versperrt uns auch noch dichter Nebel die Sicht auf den Weg, der vor uns liegt. Der Regen läuft uns ins Gesicht – und wir würden am liebsten davonlaufen, an einen sonnigen Strand im warmen Süden flüchten.

Per Knopfdruck unserer Realität entkommen können wir leider nicht. Aber dann – in genau dem Moment, wo wir die Hoffnung vollends aufgeben wollen – geschieht etwas: In den Regen mischen sich ein paar Sonnenstrahlen. Es werden immer mehr und es wird heller. Ja, der Himmel bleibt grau, aber es scheint ein warmes Licht darauf. Und dann flüstert uns jemand ins Ohr: „Dreh dich mal um."

Über den gesamten wolkengrauen Himmel strahlt in den leuchtendsten Farben ein Regenbogen. Ein unerwarteter, freudiger Moment. Ein Hoffnungsfunke. Eine Zusage: „Ja, ich bin immer noch da. Ich hab alles in der Hand. Unablässig bin ich an deiner Seite und werde dich sicher zum Ziel führen. Vertrau mir."

Vielleicht haben Sie dieses Buch geschenkt bekommen, weil jemand sich wünscht, dass Sie den Regenbogen in Ihrem Leben wieder sehen können; die Farben, das Licht. Oder Sie haben sich das Buch selbst besorgt, weil Sie sich gerade jetzt so sehr nach hellen Momenten sehnen.

Die Geschichten und Gedanken in diesem Buch wollen wie ein bunter Regenbogen sein, der Licht und neuen Lebensmut in das Grau des Lebens hineinbringt. Ganz unterschiedliche Menschen haben hier ihre Hoffnungsmomente und Erkenntnisse festgehalten. Sie haben erlebt: Auch in der dunkelsten oder verfahrendsten Situation ist Gott da. Er kann Kraftlosigkeit, Zweifel, Schuld und Versagen, Auswegslosigkeit und Traurigkeit in etwas Wunderbares verwandeln. Mit ihm an der Seite kann etwas Neues aufbrechen, wie Krokusse in der ersten Frühlingssonne; mit ihm können die Farben in unserem Leben wieder zu leuchten beginnen.

Manchmal ist es ein einziger ermutigender Moment, der die Perspektive komplett verändert. Manchmal ist es ein Weg, an dessen Rändern es allmählich immer grüner wird. Und manchmal eine Erkenntnis, die im Rückblick den dunklen Tunnel hell ausleuchtet.

Ich wünsche Ihnen die Erfahrung, dass Gottes Regenbogen auch in Ihr Leben hineinstrahlt. Zärtlich und kraftvoll.

Verena Keil

*Fürchte dich nicht,
denn ich stehe dir bei;
ich bin dein Gott!
Ich mache dich stark, ich helfe dir,
mit meiner siegreichen Hand
beschütze ich dich!*

Nach Jesaja 41,10

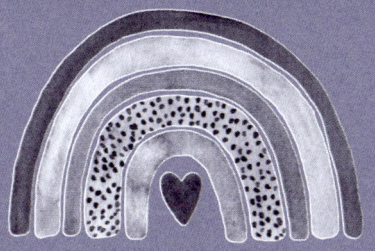

Leere Hände füllen

Sigrid Haas

Eigentlich hätte ich zu Hause bleiben sollen, dachte ich. So angespannt, wie ich bin. So erschöpft von den vielen Enttäuschungen der letzten Zeit. Aber nun sitze ich hier. Die biblische Geschichte von der Speisung der Fünftausend ist das Thema des Gottesdienstes. Jesus lässt das vorhandene Essen einsammeln: drei Brote und fünf Fische für fünftausend Menschen, nicht gerade viel. Aber Jesus hat keinen Zweifel daran, dass dieses wenige Essen ausreichen wird. Er kennt ja seinen Vater. Und so hält er die kleine Mahlzeit in seinen Händen, streckt sie nach oben gen Himmel und dankt Gott dafür. Dankt für das wenige. Das Essen wird verteilt und verteilt und verteilt. So lange, bis alle satt sind und noch Reste übrig bleiben.

Nach der Predigt ermutigt der Pastor uns, auf einen Zettel zu schreiben, was man hat und man für Gott einsetzen will – im persönlichen Leben und in der Mitarbeit in der Gemeinde. Dann soll alles eingesammelt werden und Gott mit einem Dankgebet gebracht werden, damit er es segnen und vermehren kann. So wie das Brot und die Fische.

Oh Schreck! Ich bin völlig verunsichert. Als die Zettel verteilt werden, möchte ich den Korb schon weiterreichen. Was soll ich denn daraufschreiben!? Aber dann nehme ich doch einen leeren Zettel. Auch wenn ich nichts zu geben habe, so will ich mich doch diesem Gott anvertrauen, so, wie ich bin. Ich schreibe: „Ich habe nichts mehr, nur noch Kraftlosigkeit und Erschöpfung."

Tage vergehen. Immer wieder denke ich an diesen Tag zurück, und immer wieder ist mein Gebet: „Herr, ich glaube, dass du aus wenig viel machen kannst. Was aber machst du aus nichts?"

Dann passiert es während einer Autofahrt. Vor meinen Augen tauchen zwei Hände auf. Es ist merkwürdig und außergewöhnlich und gleichzeitig ganz normal. Die Hände halten zwei Worte, die plastisch dreidimensional zu sehen sind. Sie sind in Großbuchstaben geschrieben: KRAFTLOSIGKEIT und ERSCHÖPFUNG. Es sind die Worte von meinem Zettel.

Dann sehe ich, wie die Hände das Wort KRAFTLOSIGKEIT nach oben halten und dann brechen. So, wie Jesus das Brot gebrochen hat. Das Wort KRAFT ist nun vom Rest des Wortes abgebrochen und die Hände halten es mir entgegen. Darüber bilden sich Worte aus der Bibel: „Meine Kraft ist gerade in den Schwachen mächtig" (1. Korinther 12,9).

Dann halten die Hände das Wort ERSCHÖPFUNG nach oben. Auch dieses Wort wird auseinandergebrochen. Die Hände halten mir das Wort ER entgegen. Und wieder formen sich vor mir Worte aus der Bibel: „Er gibt den Müden Kraft und Stärke genug den Unvermögenden" (Jesaja 40,29).

Schließlich halten mir die Hände auch den anderen Teil des Wortes entgegen: SCHÖPFUNG. Darüber sehe ich den Vers geschrieben: „Siehe, ich mache alles neu!" (Offenbarung 21,5).

Bevor meine Autofahrt zu Ende ist, verschwinden die Hände, verschwinden die Worte. Jetzt weiß ich es: Ich habe eine Antwort. Was für eine Zusage!

Der Gott, der aus wenig viel machen kann; der Gott, dem nie etwas unmöglich war und es auch heute nicht ist; der Gott, der einzelne Menschen sieht, in ihrer Bedürftigkeit wahrnimmt und ihnen nahe sein will, der macht aus nichts etwas Neues.

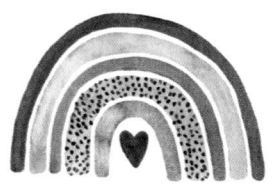

Der Regenbogen

Elke Ottensmann

Ich liebe Regenbögen! Jedes Mal, wenn ich einen Regenbogen sehe, freue ich mich an dessen Schönheit und Farbbrillanz. Ich bin dankbar, dass Gott bis heute dieses Zeichen seines Bundes mit uns Menschen für uns sichtbar erscheinen lässt. Der Anblick eines Regenbogens erinnert mich daran, dass Gott bei mir ist, auch dann, wenn ich seine Nähe nicht spüre. Einmal habe ich sehr eindrücklich erlebt, wie Gott mich durch einen Regenbogen ermutigt hat.

Ich war mit meiner kleinen Tochter auf dem Weg zum Kindergarten. Sie war gerade drei Jahre alt geworden und wir hatten bereits eine dreiwöchige Eingewöhnungsphase hinter uns. Heute sollte sie zum ersten Mal alleine im Kindergarten bleiben. Bisher hatte ich es einfach nicht übers Herz gebracht, meine Kleine weinend zurückzulassen, und war jeden Tag bei ihr geblieben. Doch mir war klar: Es war an der Zeit, den Schnitt zu machen und mich wirklich von ihr zu verabschieden.

Bei leichtem Nieselregen gingen wir zu Fuß in Richtung Kindergarten. Je näher wir kamen, desto schwerer wurde es mir ums Herz.

Da entdeckte ich auf einmal einen Regenbogen, der sich in schillernden Farben direkt über den Kindergarten spannte. Es schien so eindeutig für mich dort hingestellt, dass ich hätte jubeln können vor Freude und Überraschung! Was für ein Zeichen der Ermutigung genau in diesem Moment! Ich wurde bestärkt, jetzt nicht aufzugeben, und schaffte es später tatsächlich, mich loszureißen.

Inzwischen geht mein kleines Mädchen fröhlich und gerne in den Kindergarten. Die Zeit des tränenreichen Abschieds war nach drei Tagen vorbei!

Interessant finde ich eine Entdeckung aus der Naturwissenschaft: Im Sommer, wenn die Sonne am höchsten steht, wird man nie einen Regenbogen sehen können, das ist wissenschaftlich erwiesen. Ich denke mir: Wenn in unserem Leben die Sonne am höchsten steht, wenn es uns gutgeht und alles in hellem Licht erstrahlt, dann brauchen wir keinen Regenbogen. Doch wenn dunkle Wolken aufziehen, wenn wir traurig sind und unser Herz schwer ist – dann dürfen wir daran denken, dass die Sonne wieder durchbrechen wird. Und manchmal schenkt uns Gott einen Regenbogen, als sichtbares Zeichen seiner Treue.

Kann es nicht wieder sein, wie es *mal war*?

Anonym

Ich sitze da. Schaue mich um. Es ist keiner da, der nach mir fragt. Niemand, der gerne neben mir sitzen würde. Der Chor singt ein Lied, danach ist der Redner dran mit seiner Predigt. Noch nie hatte ich das Gefühl, er würde so direkt zu mir sprechen. Ja, in Mitleid bin ich versunken. Nein, es geht nicht um andere, es geht nur noch um mich. Dabei habe ich mich doch immer um die Schwachen gekümmert und viel Zeit investiert. Ich hätte nie damit gerechnet, dass dadurch eine Freundschaft zerbrechen kann.

Sagt Gott nicht, wenn ihr nach meinem Reich trachtet, dann soll euch alles andere zufallen? Aber wieso spür ich es ganz anders? Eine Freundin wendet sich ab. Sie hat jetzt jemand anderen, dem sie vertraut. Oh, wenn ich sehe, wie sie gemeinsam lachen; wie sie geheimnisvoll flüstern. Hat sie nicht vor Kurzem noch gesagt, wie wichtig ich ihr bin? War es alles nur gespielt? Und was ist mit meiner anderen Bekannten? Nie meldet sie sich von alleine. Immer muss ich nachhaken. Bin ich ihr unwichtig geworden? Ist das der Dank für all die schönen Jahre? Es war so schön, als wir noch jung waren. Uns versprochen haben, dass uns nichts mehr trennen kann. Gelacht, getobt und geträumt haben wir. Wo ist das alles hin? Nie könnte ich ihr ins Gesicht sagen, was mich so an ihr stört!

Und so füttere ich den Neid und die Eifersucht. Neid? Ich hatte immer gedacht, das kenn ich nicht und mir würde das nie passieren! Aber wie soll ich auch reagieren, wenn plötzlich jemand anderes meinen Platz einnimmt? So erscheint es mir zumindest. Wie kann ich ihr so gleichgültig sein? Wie kann sie ihre Augen davor verschließen? Und ich? Ich bin nun allein.

„Geht's dir gut?", werde ich gefragt. „Na ja" – ich will ja nicht lügen. Das gehört sich doch nicht! Und schnell das Thema wechseln. Nicht dass man meine kleine bittere Träne noch entdeckt! Ich will nach Hause. Es ist zu viel! Ich kann nicht mitansehen, wie alle so glücklich sind. Ich kann nicht miterleben, wie sie mit ihren Freunden wegfahren, um einen schönen Abend zu verbringen. Ich kann nicht mehr. Ich steige ins Auto und fahre los. Nachdem ich die Tür hinter mir geschlossen habe, kann ich's nicht mehr halten. Ich muss so weinen! Gott, wieso? Es hätte doch so schön sein können. Ich halte das nicht mehr aus! Warum? Warum ist alles nur so ungerecht? Geht es nur mir so?

Warum? Ich habe keine Antwort darauf.

Irgendwann merke ich: Etwas in mir ist zerbrochen! Etwas in mir ist kaputt. Ich baue eine dicke Mauer um mich auf. Ich kann nicht mehr lieben. Ich kann anderen nicht mehr in die Augen sehen. Bin das wirklich immer noch ich? Und schon wieder: „Irgendwas mit dir stimmt doch nicht?" So fragt mich jemand.

Ich zucke zusammen. Sieht man das? Es soll doch keiner merken, dass ich mich alleine fühl. Dieser Blick. Als hätte man mich durchschaut. Ich blinzle. Nur jetzt nicht weinen. „Ist okay." Eine platte Antwort. Aber was soll ich tun? Ich laufe weg. Nein, gar nicht peinlich, aber was denn sonst? Ich muss doch Stärke zeigen. Meine Fassade muss doch heil bleiben. Nach außen glaubt doch jeder, dass ich immer glücklich bin. Dabei schafft es niemand, hinter meine Fassade zu schauen. Und auf einmal, mittendrin in diesem ganzen Trubel, als ich mich selbst nicht versteh, spricht ganz leise Gott zu mir: „Du bist mir nicht egal. Ich sehe, wie's dir geht."

Gott – kannst du nicht einfach alles wieder wie damals machen? Einfach die Zeit zurückdrehen?

Keine Reaktion.

Ich warte, doch es tut sich nichts. *Wenn du doch alles kannst, wieso nicht das?*

Wieder nichts.

Da dämmert es mir langsam. Wenn man mich fragte, was das Wichtigste in meinem Leben sei, was würde ganz oben auf der Liste stehen? Natürlich Gott, wie kann es anders sein? Ich bin doch Christ! Aber jetzt frage ich mich: Reicht mir das? Ich bin so allein. Reicht mir da der allgegenwärtige, allwissende und allmächtige Gott? Brauche ich weiter nichts, um glücklich zu sein?

Und plötzlich zeigt er sich. Als Freund, der sich nicht ändert. Als Freund, der immer da und nicht von meiner Laune abhängig ist. Der mich nie für einen anderen verlassen würde. Der auf mich wartet. Der seine Einstellung und seine Meinung nie ändert. Der mich nie enttäuschen kann. Der mir voller Mitleid und Geduld zuhört. Der treu ist, auch wenn ich nicht treu bin.

Und jetzt, ganz langsam, verstehe ich. Es war nur Show. Nie habe ich ganz verstanden, was es heißt, dass Gott das Wichtigste ist. Wenn alles um mich herum fällt, wenn Freunde mich verlassen, reicht es dann, Gott zu haben? Wie oft habe ich's gesungen. Wie oft gesagt und auch versprochen? Wie oft auch selbst von mir geglaubt? Aber jetzt, als ich am Boden liege und Gott sich mir so zeigt, verstehe ich ansatzweise, was es heißt, mich nur an ihn zu klammern! Es ist das Beste, was ich tun kann. Nie und nirgendwo kann ich so einen Freund finden, der mir immer treu ist.

War's das? Na ja, ich brauchte trotzdem lange, bis die Wunden heilten, und irgendwie ging's dann doch ganz schnell. Da hat er plötzlich, nach so langer Zeit, irgendwann einfach einen Schalter in mir umgelegt. Und ich war frei! Ich hatte einen klaren Blick. Ich konnte den anderen wieder in die Augen schauen. Als ich aufgeben wollte, schenkte er Hoffnung. Wo Beziehungen kaputt waren, entstand plötzlich neues Vertrauen. Nachdem ich so voll Neid gewesen war, konnte ich wieder bedingungslos lieben. Ich konnte verstehen – Motive und Gründe! Ich fing an, Dinge nachvollziehen zu können.

Und ich bin so dankbar. Nicht dass alles wieder ist, wie es einmal war. Nein, sondern weil ich so getragen wurde durch diese Zeit. Weil ich über mich und meinen Gott so viel gelernt habe.

Über seine Art und Weise, wie er sich um mich kümmert, mich liebt und auf mich wartet. Ich liebe ihn und ich weiß, es kommen wieder gute Tage!

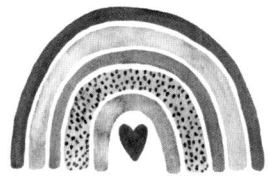

**Zweifel sieht die schwärzeste Nacht,
Glaube sieht den Tag;
Zweifel fürchtet jeden Schritt,
Glaube verleiht Flügel;
Zweifel fragt: „Wer glaubt schon?"
Glaube antwortet: „Ich."**

Anonym

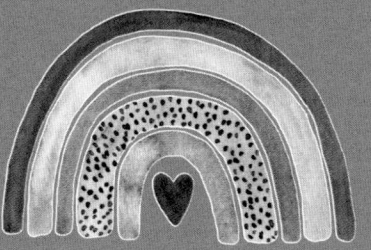

Gott reicht mir die Hand

Nelli Bangert

Als ich Snowboarden gelernt habe, sagte meine Snowboardlehrer immer zu mir: „Nelli, du wirst häufig hinfallen. Aber bleib nicht liegen. Steh auf. Jedes Mal, wenn du hingefallen bist, steh sofort wieder auf." Mir ist dieser Satz hängen geblieben. Probleme werden uns immer wieder den Boden unter den Füßen wegreißen. Wir werden immer wieder hinfallen. Wir werden sinken. Das ist eine unvermeidliche Tatsache. Doch jedes Mal dürfen wir wieder aufstehen – mit Jesu Hilfe – und weitergehen. Immer und immer wieder wird Jesus uns die Hand reichen und uns aus dem Meer der Schwierigkeiten herausziehen. So, wie er es bei Petrus gemacht hat, als er anfing unterzugehen.

Da rief Petrus ihm zu: „Herr, wenn du es wirklich bist, befiehl mir, auf dem Wasser zu dir zu kommen." „Dann komm", sagte Jesus. Und Petrus stieg aus dem Boot und ging über

das Wasser, Jesus entgegen. Als er sich aber umsah und die hohen Wellen erblickte, bekam er Angst und begann zu versinken. „Herr, rette mich!", schrie er. Sofort streckte Jesus ihm die Hand hin und hielt ihn fest. „Du hast nicht viel Glauben", sagte Jesus. „Warum hast du gezweifelt?"

Matthäus 14,28-32; NL

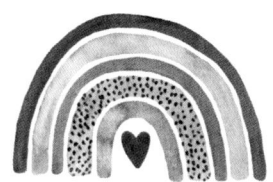

Seine Kraft ist in meiner Schwachheit mächtig

Sharon G. Brown

In meinem ersten Semester am Theologischen Seminar hatte ich einen Traum, der mein Leben mit Gott nachhaltig beeinflusst hat. In dem Traum bewarb ich mich um eine Stelle auf einem Polizeirevier. Der Beamte sagte, ich müsse in der Lage sein, ein Gewicht von einem Zentner zu heben.

„Ein Zentner!", rief ich. „Ich habe in meinem ganzen Leben noch nichts Sportliches gemacht!"

Aber der Beamte sagte: „Das ist die Voraussetzung für die Anstellung. Ist das für Sie ein Problem?"

Zu meiner Überraschung gab ich zur Antwort: „Nein, es ist kein Problem für mich, denn Jesus, mein Herr, wird es für mich tun."

Der Beamte führte mich zu einem gewaltigen Gerät und schnallte mich daran fest. Zuerst konnte ich mich kaum bewegen. Aber dann merkte ich, dass ich auf einmal ganz ohne Anstrengung enorme Lasten hoch über meinen Kopf hob.

Als ich erwachte, hatte ich das Gefühl, Gott würde zu mir sagen: „Das ist Demut: Wenn du weißt, dass du aus dir selbst heraus keine Kraft hast, aber dich ganz darauf verlässt, dass du durch mich alles schaffen kannst."

Dieser Traum half mir, besser zu verstehen, was Paulus meint, wenn er schreibt: „Darum will ich vor allem auf meine Schwachheit stolz sein. Dann nämlich erweist sich die Kraft von Christus an mir" (2. Korinther 12,9).

Worauf sind Sie normalerweise stolz? Vielleicht nicht öffentlich, aber im Stillen, vor sich selbst? Was sind die Kraftquellen, auf die Sie sich verlassen, oder der Maßstab, anhand dessen Sie Bedeutung oder Erfolg messen? Vielleicht der Verstand? Begabungen? Finanzielle Mittel? Arbeit? Anerkennung?

Paulus macht in seinem Brief deutlich, dass Schwächen auch eine Chance in sich bergen: die Chance, dass darin die Herrlichkeit Gottes offenbar wird. Versuchungen und Widrigkeiten können uns daran erinnern, dass wir unser Leben nicht selbst in der Hand haben. Harte Zeiten können uns zum radikalen Vertrauen auf Gott einladen und helfen, uns Jesus Christus wieder ein Stück ähnlicher zu machen. Die „Christus-Tugend" der Demut in uns zu fördern bedeutet, dass wir ins Licht treten und erklären: „Seht ihr diese Schwäche? Das ist der Punkt, an dem ich an meiner eigenen Kraft verzweifle, aber auf Gottes Kraft vertraue. Der Punkt, der mir mein Ungenügen am deutlichsten bewusst macht und an dem ich mich ganz auf Gottes Treue verlasse. Ist es nicht erstaunlich, wie Gott darin seine Herrlichkeit deutlich werden lässt?"

Mit unseren Schwächen zu „prahlen", damit andere Gottes Macht und Gnade erkennen, verlangt Entschlossenheit und Übung. Doch was könnte alles passieren, wenn wir uns nicht länger für unsere Schwächen schämen, sondern sie als Gelegenheiten sehen, die Macht und Gnade Gottes zur Geltung zu bringen?

Inzwischen erkenne ich schon etwas schneller, wie meine Schwäche mich in tiefere Gemeinschaft mit Jesus führen kann. Gottes Gnade ist wirklich alles, was ich brauche, und seine Kraft wirkt gerade in meiner Schwachheit ganz besonders an mir. Das ist ein Grund zum Feiern. Vielleicht sogar etwas, worauf man stolz sein kann.

Wenn *Jesus* sagt: „*Lernt* von mir!"

Max Lucado

Als Pfadfinder erhielt ich die Aufgabe, einen Drachen zu bauen. Mein Vater war für mich als Pfadfinderjunge ein besonderer Segen. Er konnte alles bauen. Er baute eine ganze Menge: einen Roller auf Kufen oder ein Gokart. Ja, und er baute sogar unser Haus. Drachen bauen war für ihn wie für Van Gogh Strichmännchen malen. Das konnte er im Schlaf. Aus Leim, Holzstäben und Zeitungspapier bastelten wir ein Meisterwerk, das einen Tanz am Himmel vollführen sollte: einen rot-weiß-blauen Kastendrachen. Wir vertrauten unsere Kreation dem Märzwind hinter unserem Haus an. Doch nach wenigen Minuten wurde mein Drache von einem Fallwind erfasst und geriet ins Taumeln. Ich spannte die Leine, lief, so schnell ich konnte, und tat alles, was in meiner Macht stand, um den Sturz abzufangen. Aber es war zu spät. Mein Kastendrachen stürzte zur Erde.

Stellen Sie sich einen verzweifelten zwölfjährigen Jungen mit roten Haaren vor, der seinen abgestürzten

Drachen in der Hand hält. Das war ich. Stellen Sie sich einen Mann mit rauer Haut im Overall vor, der seine Hand auf die Schultern des Jungen legt. Das war mein Vater, der Drachenbauer. Er schaute sich den Schrotthaufen aus Papier und Holzstäben an und sagte ganz ruhig: „Das können wir reparieren." Ich glaubte ihm. Warum auch nicht? Er sprach mit Vollmacht.

Genau wie Jesus. Zu allen, die das Gefühl haben, ihr Lebensdrachen sei abgestürzt, sagt er: „Das können wir reparieren. Lernt bei mir." *Lernt bei mir, wie ihr mit eurem Geld umgehen müsst, mit den langen, grauen Montagen, den griesgrämigen Schwiegereltern. Lernt bei mir, warum Menschen sich streiten und wie wichtig Vergebung ist. Aber vor allem: Lernt bei mir, warum in aller Welt ihr auf dieser Welt seid.*

Haben wir es nötig, das erst zu lernen? Wir wissen schon so viel und doch so wenig. Das Zeitalter der Information ist das Zeitalter der Verwirrung. Es gibt so viele Erklärungen für das „Wie" und so wenige für das „Warum". Wir brauchen Antworten. Jesus bietet sie an.

Aber können wir ihm vertrauen? Es gibt nur eine Möglichkeit, das herauszufinden. Suchen Sie nach ihm. Schauen Sie nach oben und blicken Sie auf Jesus. Kein flüchtiger Blick, kein gelegentliches Blinzeln. Gehen Sie in seine Schule. „Lernt bei mir ..." Machen Sie ihn zu Ihrem Leitstern, Ihrem Bezugspunkt. Suchen Sie ihn, bis Sie sein Gesicht erblicken.

Und dann halten Sie Ihren Blick auf ihn gerichtet.

*Überlass alle deine Sorgen dem Herrn!
Er wird dich wieder aufrichten;
niemals lässt er den scheitern,
der treu zu ihm steht.*

Psalm 55,23

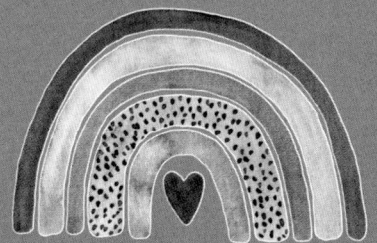

Überrascht von Gott

Rebecca St. James

Als meine Familie 1991 nach Amerika zog, mussten wir deutlich erfahren, was es heißt, aus dem Glauben zu leben. Der Job meines Vaters brachte uns von Australien nach Nashville in Tennessee. Ungefähr zwei Monate nach unserer Ankunft in Amerika verlor mein Vater seinen Job. Nun saßen wir verlassen am anderen Ende der Welt – ohne Familie, ohne enge Freunde, ohne Auto, ohne Möbel, ohne Einkommen, sechs Kinder und meine Mutter war schwanger mit dem siebten. Zu sagen, dass meine Eltern nicht mehr weiterwussten und entmutigt waren, wäre eine glatte Untertreibung.

Wir wussten nicht, was Gott vorhatte oder warum wir überhaupt in Amerika waren. Meine Großeltern riefen uns sogar aus Australien an und baten uns, nach Hause zu kommen.

Und was taten wir? Wir setzten uns als Familie zusammen auf den Fußboden und beteten. Wir baten Gott um Geld, um Essen und um ein Auto. Wir beteten gezielt dafür, dass Gott uns die Dinge gab, die wir brauchten.

Und wir erlebten, wie Wunder geschahen! Manchmal

bekamen wir die Dinge noch am selben Tag, an dem wir für sie gebetet hatten. Es gab Menschen, die Lebensmittel auf unserer Treppe abstellten, die uns per Post Schecks zuschickten, die uns ganze Ladungen von Möbeln ins Haus lieferten. Jemand sorgte sogar dafür, dass wir in diesem ersten Jahr einen Weihnachtsbaum und Geschenke hatten! Eine Familie schenkte uns ein Auto. Jemand bezahlte Tausende von Dollar, damit meine Schwester Libby im Krankenhaus geboren werden konnte; bis zum heutigen Tag wissen wir nicht, wer das war!

Aufgrund dieser und weiterer Erfahrungen weiß ich, dass Gott mich selbst genau dann auf irgendeine Art und Weise mit Wundern überrascht, wenn ich das Gefühl habe, dass mein Leben noch nie so schrecklich war, und wenn ich mit meinen Kräften am Ende bin. Vielleicht ist es einfach nur ein Wort der Ermutigung zum richtigen Zeitpunkt, oder Gott zeigt mir gerade dann einen Bibelvers für meine Situation, wenn ich ihn brauche. Vielleicht stellt er aber auch die Möbel für ein ganzes Haus an meiner Treppe ab!

Eins steht fest: Wenn wir seine Kinder sind und ihm vertrauen, dass er sich um uns kümmert, dann wird er das auch tun! Oft, wenn wir eine schwere Zeit durchmachen, fühlt sich das nicht gut an, solange wir noch mittendrin stecken, aber die Verheißung Gottes, dass er uns nicht verlassen wird, steht fest.

Als ich einmal durch eine schwere Zeit ging, fragte ich meinen Pastor, wie ich mit dem Schmerz fertigwerden sollte. Der Pastor fragte mich: „Kann man Gott Vertrauen schenken?"

„Ja", erwiderte ich. Ich hatte verstanden: Gott ist vertrauenswürdig, also vertrau ihm. Wenn ich schwach bin, ist er stark.

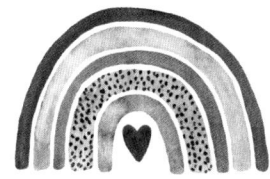

Auf der Suche nach Sicherheit

Francine Rivers

Abends legst du dich ohne Angst zu Bett und schläfst die ganze Nacht hindurch fest und ruhig. Katastrophen brauchst du nicht zu fürchten, wie sie plötzlich über Menschen kommen, die Gott missachten. denn der Herr ist dein sicherer Schutz, er lässt dich nicht in eine Falle laufen.
(Sprüche 3,24-26; GN)

Von Zeit zu Zeit kommt bei uns zu Hause ein Eichhörnchen vorbei. Eines Morgens tauchte es wieder einmal auf und hielt seine Nase an die getrockneten Maiskolben, die ich extra für es hinausgelegt hatte. Das kleine Tier suchte zuerst im Vogelfutterspender nach etwas Essbarem und setzte dafür beinahe sein Leben aufs Spiel – nur, um dann feststellen zu müssen, dass sich darin ausschließlich Distelsamen befanden. Das war offensichtlich nicht nach seinem Geschmack. So sprang das kleine Eichhörnchen zurück auf die Terrasse und begann dort nach Eicheln zu suchen. Bedauerlicherweise hatten wir in diesem Jahr nur wenige davon. Wir wollten nicht, dass im Vorgarten Eichen wachsen oder dass der

Specht angelockt wird, der die Nüsse wieder in unserem Dachgeschoss lagern wollen würde. Also beauftragte ich einen unserer Enkelsöhne, die Eicheln aufzuheben, und bezahlte ihm für jede Eichel einen Cent. In einen Sandeimer passen circa zweihundert.

Er hat fünf davon gefüllt und kam sich vor wie ein Millionär. Eichhörnchen haben einen unaufhörlichen Drang, Futter zu sammeln und aufzubewahren. Bei einem Besuch in den Oregon-Höhlen erzählte uns ein Förster von den Tonnen von Eicheln, die die Eichhörnchen in den Höhlen gesammelt hatten. Die kleinen Tiere hatten die Höhlenräume zu Lagerhäusern umfunktioniert. Ihre riesige Ausbeute musste nun „ausgelagert" werden, damit die Höhle wieder problemlos begehbar für Besucher und Forscher wurde. Die Eichhörnchen hatten weit mehr Nüsse gesammelt, als sie jemals verzehren könnten.

Doch ganz gleich, wie viel sie sammelten, es schien nie genug zu sein. Wie viele von uns sind genauso und sammeln unaufhörlich Vorräte für schlechte Zeiten? Wir sammeln keine Nüsse, aber andere Dinge, die uns Sicherheit versprechen. Oft glauben wir, dass unsere Sicherheit von dem abhängt, was wir auf dem Bankkonto, in den Küchenschränken, den Wandschränken oder im Wertpapierbestand haben. Doch wenn wir uns nur darauf verlassen, werden wir am Ende mehr als enttäuscht sein.

Denn unsere Sicherheit ist einzig und allein vom lebendigen Gott abhängig. Er ist unsere Zuflucht und unsere Stärke, wie es in Psalm 46 heißt. Deshalb müssen wir uns nicht fürchten – selbst wenn unsere Lebensumstände düster aussehen. Wir können sogar mutig mit dem Psalmisten behaupten, dass wir uns selbst dann noch sicher fühlen dürfen: „... wenn die Wogen tosen und schäumen und die Berge erschüttert werden" (Psalm 46,4). Keine Not der Welt – Arbeitsplatzverlust, Kriegsausbruch, Krankheit in der Familie, Verfolgung – ändert etwas an der Tatsache, dass Gott über die ganze Schöpfung regiert. Und dass er souverän ist.

Wenn das Leben nicht so läuft, wie wir es uns vorstellen, müssen wir uns damit konfrontieren, dass wir es einfach nicht in der Hand haben. Doch das Schöne ist: Gott hat es in seiner liebenden Hand!

Verlass dich auf
Gottes Verheißungen

Max Lucado

Wenn du an Gottes Versprechen an dich wirklich festhältst, bist du in guter Gesellschaft. Viele Menschen aus der Bibel haben das getan, egal, ob sie reich oder arm, jung oder alt waren. Gottes Verheißungen waren ihre Lebensgrundlage.

Weil Gott es so versprochen hatte, glaubte Noah an Regen, noch bevor ein einziger Regentropfen auf die Erde gefallen war. Weil Gott es verheißen hatte, verließ Abraham seine Heimat, um in ein Land zu ziehen, das er noch nie zuvor gesehen hatte. Weil Gott es gesagt hatte, führte Josua zwei Millionen Leute in das gelobte Land Israel. Und weil er es verheißen hatte, machte David einen bösen Riesen platt – und fand Paulus ein Lebensziel, für das es sich zu sterben lohnte.

Gottes Verheißungen waren für all diese und zahllose weitere Leute auf ihrer Glaubensreise wie Wegweiser. Aber die Versprechen Gottes gelten nicht nur einigen wenigen „Superhelden" aus der Bibel. Wir Menschen haben eine große Menge an Verheißungen von Gott geschenkt bekommen! Ein Bibelschüler hat mal anderthalb Jahre lang versucht, die Verheißungen in der Bibel zu zählen, die Gott der Menschheit gegeben hat. Er kam sage und schreibe auf 7.487 Verheißungen!

Gott ist nicht nur ein Versprechen-Geber, sondern auch ein Versprechen-Halter. Von Anfang an – schon auf den ersten Seiten der Bibel – lesen wir, dass wir uns auf Gott verlassen können. Neunmal steht in 1. Mose der Satz: „Gott sprach". Und jedes Mal, wenn Gott sprach, passierte etwas Wunderbares – ohne Ausnahme. Durch seine göttliche Anweisung schuf er das Licht, das Land, das Wasser, die Pflanzen und Tiere. Er sprach – und dann geschah es genau so. Uns bleibt nur eine Schlussfolgerung: Gottes Wort ist felsenfest. Was er sagt, geschieht.

Glauben ist die tiefe Überzeugung, dass Gott seine Versprechen hält. Gott wird – und kann – seine Versprechen niemals brechen. Was er sagt, wird geschehen. Es muss geschehen! Gottes Versprechen sind unumstößlich. Denn so ist er:

Gott ist unveränderlich. Er sieht das Ende vom Anfang her. Er ist nie schockiert oder überrascht. Er macht keine Kurskorrekturen, weil er es sich plötzlich anders überlegt hat. Er wird nicht von Launen und Stimmungen beeinflusst. „Er ändert sich nicht" (Jakobus 1,17).

Gott ist treu und zuverlässig. „Denn auf Gott ist Verlass; er hält, was er zugesagt hat" (Hebräer 10,23; NeÜ).

Gott ist stark. Er macht keine falschen Versprechungen, er enttäuscht uns nicht. „Was Gott verheißt, das kann er auch tun" (Römer 4,21; LU).

Gott kann nicht lügen. „Es ist sowieso unmöglich, dass Gott lügen kann" (Hebräer 6,18; NeÜ). Ein Felsblock kann nicht schwimmen. Ein Elefant kann nicht fliegen. Du kannst nicht auf einer Wolke schlafen – und Gott kann nicht lügen. Niemals würde er übertreiben, manipulieren oder schwindeln. „Das hat Gott, der nicht lügt, schon vor unendlich langer Zeit versprochen" (Titus 1,2; GN).

Die Frage ist nicht, ob Gott seine Versprechen halten wird. Die Frage ist: Willst du dein Leben darauf aufbauen?

In der Bibel steht: „Was immer Gott an Zusagen gemacht hat – in seiner Person finden sie alle ihre Erfüllung" (2. Korinther 1,20; NGÜ).

Das beste Buch über Verheißungen ist das Lebensbuch, das du gemeinsam mit Gott schreiben wirst. Durchforste die Bibel immer wieder nach Zusagen, mit denen du deinen Problemen etwas entgegensetzen kannst. Halte sie so fest, als seien es kostbare Perlen – denn genau das sind sie. Lerne sie auswendig, damit du auch in Zukunft darauf zurückgreifen kannst. Und wenn der Feind versucht, mit seinen Lügen bei dir Zweifel und Angst zu säen, dann hole diese Bibelverse hervor. Das wird seinem Tun einen Riegel vorschieben. Gottes Wahrheit kann er nämlich nichts entgegensetzen.

Ich verspreche dir: Gottes Verheißungen bewirken wirklich etwas. Sie können dich durch schreckliche Tragödien tragen. Sie können dir in alltäglichen Schwierigkeiten Halt geben. Sie sind wirklich das Größte und Wertvollste überhaupt. Errichte dein Lebenshaus auf Gottes Zusagen. Da seine Verheißungen unverwüstlich sind, wird auch deine Hoffnung unerschütterlich sein. Ja, trotzdem wird der Sturm toben. Die Regengüsse werden trotzdem auf dich herniederprasseln. Aber am Ende wirst du festen Halt haben – Gottes Verheißungen.

Ermutigende Verheißungen für dich

- Der Herr, dein Gott ist mächtig und hilft dir. Er hat Freude an dir, er droht dir nicht mehr, denn er liebt dich; **er jubelt laut, wenn er dich sieht.** (Zefania 3,17; GN)

- Gott spricht: „**Diesen Bund schließe ich mit euch und allen Bewohnern der Erde, immer und ewig will ich dazu stehen. Der Regenbogen soll ein Zeichen für dieses Versprechen sein.**" (1. Mose 9,12–13)

- Alle eure Sorge werft auf ihn; denn **er sorgt für euch**. (1. Petrus 5,7; LU)

- **Jesus versteht unsere Schwächen und kann mit uns mitfühlen.** Denn er selbst war ein Mensch und musste mit denselben Versuchungen kämpfen wie wir – doch im Gegensatz zu uns hat er nie gesündigt. (nach Hebräer 4,15)

- Gott gibt dir, was du zum Leben brauchst. **In seiner Hand liegt deine Zukunft.** Du darfst ein **wunderbares Erbe** von ihm empfangen! (nach Psalm 16,5–6)

- Ja, der Herr wird wieder Erbarmen mit uns haben und unsere Schuld auslöschen. **Er wirft alle unsere Sünden ins tiefste Meer.** (Micha 7,19)

- **In allen Schwierigkeiten ermutigt Gott uns und steht uns bei,** sodass wir auch andere trösten können. Wir ermutigen sie, wie Gott uns ermutigt hat. (2. Korinther 1,4)

- Vertraue von ganzem Herzen auf Gott und verlass dich nicht auf deinen Verstand. Denke an ihn, was immer du tust, dann **wird er dir den richtigen Weg zeigen.** (Sprüche 3,5–6; NL)

- Gott sagt: „**Ich lasse dich nicht im Stich,** nie wende ich mich von dir ab." (Hebräer 13,5)

- **Wenn Gott etwas verspricht, dann tut er das auch,** da könnt ihr euch drauf verlassen. Auch wenn es manchmal so aussieht, als würde er alles hinauszögern. Gott hat Geduld mit euch, und er will auf jeden Fall verhindern, dass irgendeiner es nicht schafft und verloren geht. (2. Petrus 3,9; VB)

- Trotz allem Schweren, was wir erleben, werden wir **einen überwältigenden Sieg** davontragen – durch Jesus, der uns unendlich liebt. (nach Römer 8,37)

- Wie ein Vogel seine Flügel über die Jungen ausbreitet, so wird er auch dich stets behüten und dir nahe sein. Seine Treue umgibt dich wie ein starker Schild. (Psalm 91,4)

*Scheue dich nicht davor,
deine unbekannte Zukunft
deinem wohlbekannten Gott
anzuvertrauen.*

Corrie ten Boom

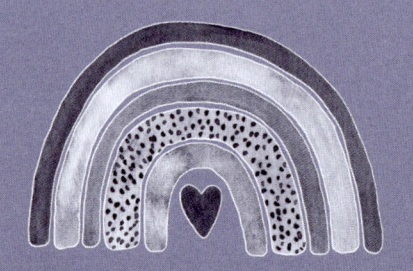

Wenn ein *Wunsch* in *Erfüllung* geht

Jennifer M. Bleakley

Das Warten der Gottesfürchtigen führt zur Freude, aber die Hoffnungen der Gottlosen werden zerschlagen.
Sprüche 10,28; NL

„Mom! Im Graben liegt eine Katze!", rief der zwölfjährige Andrew, der durch die Hintertür hereingestürzt kam. „Kein Fuchs, eine Katze!"

Seine achtjährige Schwester Ella sprang auf und rannte auf ihren Bruder zu, während das Blatt mit ihren Hausaufgaben zu Boden segelte. „Was?", rief sie. „Echt?"

„Komm raus und guck!", drängte Andrew. „Du auch, Mom, komm mit!"

Jen stellte das Schneidebrett mit dem geschnittenen Gemüse auf die Kücheninsel, außer Reichweite ihrer Golden-Retriever-Hündin Bailey, die nur allzu gern die Anrichte inspizierte. Sie musste über die lautstarke Begeisterung ihrer Kinder lächeln. Sie redeten so schnell, dass sie kaum verstand, was sie sagten.

Sie hörte nur die Worte *Graben, buschiger Schwanz, kein Fuchs, eine Katze!* heraus.

„Wir müssen ihr Futter bringen", erklärte Andrew.

„Ist das ein Katzenmädchen?", rief Ella aufgeregt und klatschte in die Hände.

Andrew nickte. „Ich glaube schon. Sie ist ganz fluffig."

Jen befürchtete, ihre Tochter würde vor Begeisterung in Ohnmacht fallen.

„Eine fluffige Katze ganz für mich alleine", flüsterte Ella.

„Hört mal, ihr zwei", sagte Jen und versuchte, die Euphorie der beiden zu dämpfen, „die Katze gehört wahrscheinlich jemandem."

Ella starrte ihre Mutter an. „Mommy", erklärte sie in einem Tonfall, als würde sie mit einem Kind sprechen, „das ist die Katze, für die wir gebetet haben. Ich weiß es einfach."

Nachdem die Kinder Jen und ihren Mann jahrelang angebettelt hatten, ihnen eine Katze zu kaufen, hatte Jen ihren Kindern schließlich versprochen, falls sie jemals eine streunende Katze finden sollten, dürften sie sie füttern und sich um sie kümmern – aber draußen. Jen litt unter einer ausgeprägten Katzenallergie, die es unmöglich machte, eine Katze im Haus zu halten.

Aber das schreckte ihre entschlossenen Kinder nicht ab. Als Andrew sieben war, begann er, jeden Abend für eine Katze zu beten. Bald schloss seine dreijährige Schwester sich der allabendlichen göttlichen Petition an. Nachdem einige Monate ins Land gezogen waren, ohne dass eine Katze vom Himmel gefallen war, wurden die Gebete der Geschwister seltener, und die beiden brachten ihr Anliegen nur noch alle paar Wochen einmal vor. Und als einige Jahre vergangen waren, ohne dass sich eine streunende Katze auf ihrer Türschwelle blicken ließ, hatten sie ganz aufgehört, dafür zu beten.

Aber nun übernahm Ella sofort das Kommando. Sie öffnete die Kühlschranktür, nahm eine Scheibe Putenbrustfilet heraus und verkündete: „Meine Katze mag Putenbrust."

Ich schätze, Ella kennt sich da aus, dachte Jen und folgte ihren Kindern nach draußen. Und tatsächlich, im Abwassergraben saß eine Katze. Das arme Tier war erbärmlich dünn. In seinem Fell, das an der Brust ganz verfilzt war, steckten Blätter und Tannennadeln. Als die drei Menschen auf sie zukamen, ergriff die Katze die Flucht und zog sich in das Abwasserrohr zurück, das unter der Straße hindurchführte. Andrew nahm Ella die Scheibe Putenfleisch ab und hockte sich in den Abwassergraben. Er verhielt sich ganz still.

Nach ein paar Minuten kam die scheue Katze zurück. Sie probierte einen kleinen Bissen und schlang dann die gesamte Scheibe hinunter. Ella rannte ins Haus, um Nachschub zu holen. Jen sah zu, wie die Katze auf Andrews Schoß kletterte. Ihr Sohn strahlte vor Freude. Ella kam mit der ganzen Packung Putenbrustfilet zurück. Jen wollte protestieren, aber ein weiterer Blick auf die arme

Katze überzeugte sie davon, dass dieser leckere Aufschnitt das Mindeste war, was dieses kleine Tier verdient hatte.

Im Laufe der nächsten Woche stellte Jen Nachrichten in die Nachbarschafts-E-Mail-Gruppe und erkundigte sich, ob jemand eine Katze vermisste. Die Familie hängte sogar ein paar Plakate auf. Aber niemand erhob je Anspruch auf Foxy; das war der Name, den Ella ihrem Findelkind gegeben hatte.

Einen Monat später, als die Familie beim Abendessen auf der Veranda saß, sprang Foxy auf den Tisch. Bailey wachte aus ihrem Schläfchen auf und begrüßte die Katze schnuppernd. Jen konnte immer noch nicht glauben, wie gut die beiden Tiere sich miteinander angefreundet hatten. Ella streichelte die inzwischen viel gesünder aussehende Katze, während diese leise an ihrem Teller vorüberging. Dann sprang Foxy vom Tisch hinunter auf Andrews Schoß und begann zu schnurren.

„Siehst du, Mommy", sagte Ella lächelnd, „Gott hat uns eine Katze geschickt. Es hat nur ein bisschen gedauert, bis er die richtige gefunden hatte."

Lernen, auf Gott zu warten

Jennifer M. Bleakley

In der Bibel wird oft davon berichtet, dass wir „auf den Herrn warten" bzw. „hoffen" sollen. In Psalm 27,14 heißt es, dass wir mutig, tapfer und geduldig auf Gott hoffen sollen. Warum erfordert es Ihrer Ansicht nach Mut und Tapferkeit, das zu tun? Haben Sie Gott schon einmal um etwas gebeten, das sich noch nicht erfüllt hat? Sind Sie es müde, darauf zu warten, dass etwas geschieht? Wie wäre es, wenn Sie sich heute neu dafür entscheiden, es Gott zu überlassen, wie er auf eine bestimmte Bitte antwortet? Vertrauen Sie doch einmal darauf, dass er den richtigen Zeitpunkt kennt und das Beste für Sie im Sinn hat.

Ein *Liebesbrief* von Gott

Ich kann viel mehr tun, als du erbitten oder dir vorstellen kannst.* Komm mit positiven Erwartungen zu mir und in dem Wissen, dass es für das, was ich tun kann, keine Grenzen gibt. Bitte meinen Heiligen Geist, deine Gedanken zu lenken, damit du Großes von mir erwarten kannst. Lass dich nicht davon entmutigen, dass viele deiner Gebete noch nicht erhört wurden. Die Zeit ist wie ein Trainer. Sie lehrt dich, auf mich zu warten und mir in der Dunkelheit zu vertrauen.** Je extremer deine Umstände sind, umso wahrscheinlicher ist es, dass du meine Macht und Herrlichkeit in der Situation erleben wirst. Versuche, dich nicht von Schwierigkeiten dazu drängen zu lassen, dir Sorgen zu machen***, sondern sie als Hintergrundkulisse für mein wunderbares Eingreifen zu sehen. Halte Augen und Geist weit offen für alles, was ich in deinem Leben tue.

In Liebe, Gott

* siehe Epheser 3,20-21
** siehe auch Jesaja 40,30–31
*** siehe 1. Petrus 5,7

Das Fenster für Gott öffnen

Lydia Bucci

Ich befinde mich drin. Er ist draußen. Wir sind getrennt durch eine große Fensterfront. Ich, die Mutter, stille unsere Jüngste auf dem Bett. Er, der Sohnemann, spielt draußen im Garten vor dem Fenster. Eine rosa Gardine verschleiert meinen Blick auf mein Kind. Mein Sohn nähert sich dem Fenster, versucht, mich zu sehen. Freudig winkt er und drückt seine kleine Nase platt gegen das Fenster. Fröhlich zieht er Fratzen, lacht und spricht mit mir.

Von drinnen nehme ich ihn nur dumpf und schemenhaft war. Da sind ja der Vorhang und das Fenster, die uns trennen. Ich könnte aufstehen und den Vorhang zur Seite schieben oder sogar das Fenster öffnen. Doch nein, ich sitze gerade so gemütlich auf dem Bett, das Baby nah bei mir. Ich mag jetzt nicht. Der Kleine draußen wird immer ausgelassener.

Er klopft und lässt mich wissen, dass ich das Fenster öffnen soll. So stehe ich auf, öffne das Fenster und rein kommt ein Schwall an Freude und Lebendigkeit, begleitet von warmen Sonnenstrahlen. Es hat sich gelohnt.

Ich setze mich wieder aufs Bett, das Fenster bleibt offen. Mein Sohn ist schon wieder draußen und spielt weiter. Jetzt kann er ungehindert rein und raus. Ich verstehe ihn, wenn er mit mir spricht. Wir sind nicht mehr durch die Fensterscheibe getrennt.

Während ich so dasitze, denke ich über die gerade erlebte Situation nach. Bin ich bereit, die Gardinen meines Herzens zur Seite zu schieben oder gar das Fenster zu öffnen? Gott mit seiner Güte und Gnade in mein Inneres zu lassen, dass er es mit Liebe erfüllt? Oft bin ich einfach zu müde, zu beschäftigt, zu verletzt, um mich aufzuraffen und mich zu öffnen. Vielleicht schäme ich mich für etwas oder habe Angst, mich der Realität zu stellen. Lieber verstecke ich mich hinter rosa Gardinen, die sehen so schön aus. Doch Gott hat Geduld, wartet, spricht mit mir, auch wenn ich ihn allzu oft nur unscharf wahrnehme. Es ist an mir, aufzustehen, das Fenster zu öffnen. Reinkommen wird er von selbst, und in seiner Liebe muss alle Furcht, Scham und Unsicherheit fliehen. Er wird mein Inneres erwärmen, gemeinsam werden wir Ordnung schaffen und mein Leben zum Strahlen bringen. Die Beziehung kann ungehindert fließen, wir verstehen uns, wir gehören zusammen – ehrlich und ohne rosa Gardinen.

Jesus sagt:
Komm zu mir in meine Gegenwart.
Ich bin da. Ich nehme dir deine Last ab
und schenke dir Ruhe.

Nach Matthäus 11,28

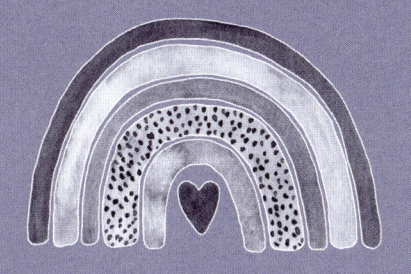

Gottes *Sehnsucht* nach dir

Carmen Ibe

Gottes Sehnsucht ist der Mensch.
Der Himmel und Erde schuf, hatte daran nicht genug.
Der alles hatte, wollte noch dich.
Dich brauchte es noch. Nur dann war es gut.

Gottes Sehnsucht ist der Mensch. Gottes Sehnsucht bist du.
Gott hat Sehnsucht nach dir. Weil es so ist, schuf er dich.
Gott will dich lieben, er will dich segnen und bei dir sein.

Gott hat Sehnsucht nach dir.
Er möchte, dass du und er nicht mehr zu trennen seid:
ununterscheidbar, inniglich
und in Liebe unlösbar miteinander verwoben.

Gott hat Sehnsucht nach dir.
Weil es so ist, schuf er dich.
Weil es so ist, schenkt Gott dir Freiheit:
die hohen Räume, die weite Luft, den Atem des Windes,
die Unbändigkeit der Stürme, die Zartheit gehauchter
   Küsse.

Gottes Sehnsucht ist der Mensch. Gottes Sehnsucht bist du:
Gott will, dass du lebst und atmest, neugierig bist und
　genießt;
er will, dass du überläufst vor Leben
und darin schwingst, tanzt und zur Ruhe kommst.

Gott hat Sehnsucht nach dir.
Seine Pläne für dich sind weise und still.
Seine Geschichte mit dir ist niemals zu Ende erzählt.
Sein erstes und letztes Wort über dich ist:
Auf dich habe ich gewartet.

Gottes Sehnsucht ist der Mensch. Gottes Sehnsucht bist du.
Der Himmel und Erde schuf, hatte daran nicht genug.
Der alles hat, will noch dich.
Dich braucht es noch.
Nur dann – und nur dann – ist es gut.

Geküsst von einem Engel

Tim Hansel

Vor einigen Jahren hörte ich eine Geschichte von einem Teenager mit einem auffälligen Muttermal, das einen großen Teil seines Gesichtes bedeckte. Doch es schien diesem Jungen nichts auszumachen. Sein Selbstwertgefühl wurde dadurch nicht beeinträchtigt. Er hatte guten Kontakt zu den anderen Schülern und war überall beliebt. Sein großes Muttermal, das für alle anderen so offensichtlich war, schien ihn in keiner Weise in Verlegenheit zu bringen. Schließlich fragte ihn jemand, wieso das so wäre. „Bist du dir des Muttermals in deinem Gesicht bewusst?"

„Natürlich", erwiderte er.

„Kannst du mir sagen, warum es dir überhaupt nichts auszumachen scheint?"

Der junge Mann lächelte und erwiderte: „Als ich noch klein war, erzählte mir mein Vater immer, das Muttermal hätte ich aus zwei Gründen bekommen: Ein Engel habe mich an dieser Stelle geküsst, und er habe dies deshalb getan, damit mein Vater mich in einer Menschenmenge immer leicht finden könne." Dann fuhr er fort:

„Mein Dad hat mir das so oft und mit so viel Liebe erzählt, dass ich, als ich größer wurde, die anderen Kinder tatsächlich bedauerte, weil sie nicht wie ich von einem Engel geküsst worden waren."

Die Kraft des Lächelns

Ann Tait

Manchmal lernt man Dinge von Leuten, von denen man es am wenigsten erwartet hätte. Mein kleiner Bruder Jimmy ist zwölf Jahre alt. Er ist geistig und körperlich behindert. Vor seiner Geburt hat er einen Schlaganfall erlitten und deshalb haben sich Teile seines Gehirns und Körpers nicht richtig entwickelt. Zum Beispiel fehlen ihm die Zehen. Aber obwohl dies alles nicht ganz so ist, wie es sein sollte, macht Jimmy es mit seinem Herzen mehr als wett. Wenn wir zusammen unterwegs sind, starren uns viele Leute blöd an oder weichen uns aus, weil sie vor meinem kleinen Bruder Angst haben. Ich habe Kinder von vielleicht vier Jahren gesehen, die ihm die Zunge rausstreckten und ihm Fratzen schnitten, als ob er kein menschliches Wesen wäre. Aber Jimmy wird nie sauer. Er schlägt nicht um sich oder hasst die Leute für ihr Verhalten. Er schenkt ihnen nur dieses breite Lächeln.

Es ist erstaunlich, das zu beobachten. Zuerst beginnen seine großen braunen Augen zu funkeln und seine Mundwinkel zu zucken. Dann schieben sich seine kleinen weißen Zähne zwischen seinen Lippen hervor wie die Sonne, die durch die Wolken bricht. Manche Leute sagen, dass ihnen Jimmy leidtut und dass es schade ist, dass er nicht „normal" ist. Aber wissen Sie was? Ein bisschen wünschte ich, dass alle Menschen so wären wie mein Bruder. Denn egal, wie gemein die Leute zu ihm sind, er hat immer ein Lächeln für sie übrig.

Wenn also heute Menschen fies zu mir sind oder mich veräppeln oder so, dann schenke ich ihnen einfach dieses breite Grinsen. Denn ich habe von meinem Bruder gelernt, dass es nicht darum geht, ob ich ein besonders gut entwickeltes Gehirn oder zehn Zehen habe, sondern darum, wie stark mein Herz ist und wie breit ich lächeln kann.

Zwölf Gute-Laune-Tipps für dich

Hanni Plato

Vorletzten Samstag hat es mich voll erwischt: Meine Laune war im Keller. Das Wetter war sowieso schon tagelang trübe und alle waren grummelig oder angeschlagen. Wenn ich weder etwas erledigt bekomme noch mich richtig ausruhe, werde ich unzufrieden. Später hörte ich von einer Freundin, dass es ihr an dem Tag genauso gegangen war. Und da der Novemberblues auch in anderen Monaten zuschlagen kann, habe ich ein paar Gute-Laune-Tipps gesammelt:

Lachen tut gut
Ein fröhliches Herz macht den Körper gesund. (Sprüche 17,22)

Einer meiner Fitnesstrainer nimmt die Sache bierernst. Dabei ist Sport doch anstrengend genug! Auf diesen humorlosen Menschen trifft nun ein Witzbold, der seinen Speck wegtrainieren möchte. Uns alle bringt der mit seinen Sprüchen zum Lachen: „Ich würde viel öfter kommen, wenn ihr zwischendurch ein paar Häppchen anbieten würdet!" Der Trainer verdreht nur die Augen, aber der Spaßvogel lässt sich dadurch die Laune nicht verderben.

Fest steht: Lachen tut gut. Zum einen wirkt Humor sich positiv auf unsere Gesundheit aus. Zum anderen hilft er uns, schmerzliche Dinge aus einer gesunden Distanz zu sehen. Wir treten sozusagen einen Schritt zur Seite, atmen einmal durch und bekommen eine neue Sicht auf die Dinge. Manchmal gelingt es uns sogar, über uns selbst zu lachen. Dann hat der Humor etwas Befreiendes und Überwindendes.

Für den Humorvollen kann selbst der spitzeste Pfeil, der gegen ihn abgeschossen wird, zu einem Ball werden, den er lächelnd von sich abfedern lässt (Helmut Thielicke). Humor ist eine Lebenseinstellung, der Witz dagegen versprüht sein Pulver in einem Augenblick – was aber auch seinen Wert hat. Und manchmal lassen sich die beiden auch kaum trennen.

Weil Lachen Körper und Seele guttut, haben wir immer Comics auf dem Gäste-WC. Meistens ist es Hägar, der Schreckliche, manchmal auch Asterix. Wenn unsere Gäste dann gar nicht mehr herauskommen und man sie leise kichern hört, müssen wir auch grinsen – Lachen steckt an.

Ideen: Lustige Sprüche sammeln; Witze erzählen; gute Komödien gucken; Wortspielereien; herumalbern; sich mit humorvollen Menschen umgeben.

Musik beschwingt

Ganz früh am Morgen mag ich am liebsten gar nichts hören. Vogelgezwitscher ist okay, aber stellt mir bloß keine Fragen! Ich bin ein echter Morgenmuffel, deswegen höre ich eigentlich auch keine Musik. Aber wenn meine Stimmung im Keller ist, hilft mir die Musik. Je nachdem, wie ich mich fühle, höre ich mal laute und rockige Musik, mal eher leise Töne. Das muss gar nicht lange sein. Einige Songs genügen mir schon, um meine Mundwinkel nach oben zu bewegen.

Pausen erfrischen

Ich arbeite zwar gerne, brauche aber zwischendurch kurze Pausen, um durchzuatmen. Kleine Auszeiten schenken neue Kraft. Manchmal reicht mir schon ein Blick in den Garten, und meine Laune steigt. Oder ich bereite mir eine Tasse Tee zu. Dafür muss ich mich bewegen, das freut auch meinen Rücken. Dann lasse ich beim Warten auf den Wasserkocher meine Gedanken schweifen. Oder ich treffe nette Kollegen, mit denen ich mich austauschen kann. Und schon geht es mit neuem Schwung weiter.

Ausreichend Schlaf ist für mich auch wichtig, sonst ist mit mir nichts anzufangen. Andere kommen mit weniger Schlaf aus, aber ich gehöre eher zu den Schlafmützen. Ab und zu gönne ich mir in der Mittagspause auch einen Powernap – ein Kurzschläfchen.

Ideen: Powernap, früh ins Bett gehen, aus dem Fenster gucken, an die frische Luft gehen.

Kreativ sein
Mir tut es gut, mich auf etwas ganz anderes zu konzentrieren. Ich kann in Büchern so richtig versinken, beim Lesen vergesse ich Raum und Zeit. Aber auch bei anderen Tätigkeiten komme ich in eine Art Flow-Zustand, meistens geht es dabei um etwas Kreatives. Basteln geht immer. Besonders in der Adventszeit genieße ich unser gemeinsames Weihnachtsbasteln an den Sonntagnachmittagen. Wir zünden den Kamin an, jeder werkelt vor sich hin, und nach einer Weile gibt es eine Pause mit Tee und Plätzchen.

Auch im Garten komme ich auf andere Gedanken. Meistens werkle ich irgendetwas: schneide ein paar verblühe Rosen ab, jäte Unkraut oder binde widerspenstige Ranken an. Dabei komme ich zur Ruhe, denke an nichts anderes mehr und vergesse alles andere.

Dieses vollkommene Aufgehen in eine Tätigkeit kann man in ganz unterschiedlichen Bereichen erleben. Es lohnt sich, ab und zu etwas Neues auszuprobieren. Das muss nicht gleich etwas Lebensveränderndes sein, aber etwas frischer Wind tut gut. Neue Erfahrungen wirken belebend und halten uns flexibel. Probier es aus, vielleicht entdeckst du dabei ungeahnte Talente. Oder du entdeckst etwas Altbekanntes wieder neu für dich.

Bewegung und Frischluft

In der Natur – und besonders natürlich im Garten – tanke ich auf. Notfalls reiße ich die Fenster auf, Hauptsache frische Luft! Ich mag es, wenn mir der Wind um die Nase weht. Dann atme ich tief durch und komme auf neue Gedanken. Ein Gang durch den Garten oder ein längerer Spaziergang hilft mir, einen freieren Blick zu bekommen. Aber auch die Bewegung tut mir gut. Wenn ich laufe, bin ich auch gedanklich nicht so festgefahren. Es fällt mir leichter, eine andere Perspektive einzunehmen.

Nicht jeder läuft gerne zeitlos durch die Gegend. Manche brauchen ein Ziel oder wenigstens eine Beschäftigung dabei. Ich gehe gerne mit anderen spazieren und unterhalte mich dabei. Auch Gebetsspaziergänge mache ich gerne, oder ich sammle Material für mein nächstes Bastelprojekt. Bei trübem Wetter oder Regen wird es schwieriger, sich zu motivieren. Dann hilft die Aussicht auf eine heiße Schokolade.

Ideen: einen Park besuchen, waldbaden, im Regen spazieren gehen, Pilze suchen, einen Gebetsspaziergang machen, mit Freunden wandern, auf Fotosafari gehen, picknicken.

Tiere entspannen

Wenn unsere Katze nicht gerade Unsinn macht, ist sie ein sehr entspannendes Tier. Es reicht, dass sie hingegossen auf dem Sofa liegt und träge blinzelt, schon breitet sich ein Lächeln über mein Gesicht aus. Noch schöner ist es, wenn sie auf meinem Schoß liegt und ich ihr seidiges Fell streicheln darf. Ab und zu schnurrt sie dabei sogar, ich könnte glatt mitmachen. Aus eigener Erfahrung kann ich bestätigen, was Wissenschaftler herausgefunden haben: Tiere bauen Stress ab und unterstützen die Gesundheit.

Ideen: Alpaka-Wanderungen, „Katzenstreichler" oder „Gassigänger" im Tierheim werden, niedliche Tiervideos gucken, Vögel beobachten.

Gute Beziehungen
Freut euch mit den Fröhlichen! Weint aber auch mit den Trauernden! (Römer 12,15)

Auch wenn ich ganz gerne mal alleine bin, gebe ich gerne zu, dass der Kontakt mit anderen mir guttut. Ich bin dankbar für meine Familie und gute Freunde, die für mich da sind. Wir teilen Gedanken, Erfahrungen, Ideen und Träume miteinander. Mit manchen bin ich in ständigem Kontakt, andere sehe ich seltener. Richtige Begegnungen sind mir am liebsten. Aber bei guten Beziehungen ist es nicht so wichtig, ob wir uns persönlich sehen, uns Nachrichten schicken oder am Telefon miteinander sprechen. Mit diesen vertrauten Menschen tausche ich nicht nur Neuigkeiten aus, es geht viel tiefer. Sie helfen mir, mich besser zu verstehen und gute Entscheidungen zu treffen.

Es ist schön zu erleben, dass wir nicht alleine durch schwere Zeiten hindurchgehen müssen. Natürlich können wir immer mit Gott darüber reden. Aber es tut auch gut, einem vertrauenswürdigen Menschen davon zu erzählen. Nachdem ich jemandem mein Leid geklagt habe, fühlt sich meine Last gleich etwas leichter an. Manchmal staube ich noch einen Tipp oder ein Gebet ab. Bei anderer Gelegenheit bin ich dann wieder für den anderen da.

Das Leben feiern
Hört doch auf mich und tut, was ich sage, dann habt ihr es gut! Ihr dürft köstliche Speisen genießen und euch daran satt essen. (Jesaja 55,2)

Es ist erstaunlich, wie oft es in der Bibel um Essen geht. Und dabei geht es nicht einfach um gesunde Nahrung, sondern um köstliche Leckereien – und davon nicht zu knapp! Jesus hat oft mit seinen Freunden gegessen und getrunken. Als erstes Wunder wird berichtet, dass er Wasser in Wein verwandelt hat. Jesus sorgte nicht nur dafür, dass die Hochzeitsgäste fröhlich weiterfeiern konnten, sondern stellte ihnen dafür sogar einen Spitzenwein zur Verfügung!

Oft bin ich so in der Hektik des Alltags gefangen, dass ich nur von einem Termin zum anderen hetze. Das möchte ich ändern. Wie ich das genau anstelle, weiß ich noch nicht. Auf alle Fälle möchte ich von Zeit zu Zeit innehalten. Einmal, um mein Leben zu überdenken. Und dann, um das Erreichte zu feiern. Und auch um Gott zu feiern, der mir dieses Leben und alles Drumherum geschenkt hat.

Ideen: den Tisch dekorieren, einfach mal Kuchen mitbringen, Erfolge feiern, spontan Freunde einladen, Kerzen anzünden, eine Mitbringparty feiern.

Mecker-Diät
Bei allem, was ihr tut, hütet euch vor Nörgeleien und Rechthaberei. (Philipper 2,14)

Jammern. Quengeln. Maulen. Zetern. Nörgeln. Mäkeln. Mosern. Murren. Stöhnen. Grummeln. Schmollen. Motzen. Es gibt viele Ausdrücke dafür. Und wenig, dass mich so nervt wie ständiges Gemecker. Wenn um mich herum zu viel gejammert wird, bekomme auch ich schlechte Laune. Jammern schadet der Gesundheit und programmiert unser Gehirn geradezu auf Negatives.

Es findet sich immer etwas, über das man sich ärgern kann. Klassische Anlässe sind: der Vergleich mit anderen, nicht erfüllte Erwartungen, das Verhalten anderer, nervige Angewohnheiten von nahestehenden Menschen, Stress oder zu viele Aufgaben. Wir könnten uns also den ganzen Tag lang ärgern und deswegen herummaulen – müssen wir aber nicht.

Mir wurde es heute zu viel mit dem Nörgeln. Jetzt probieren wir als Familie eine Mecker-Diät aus. Die Idee stammt von Melanie Pignitter (honigperlen.at). Schon alleine der Begriff sorgte bei uns für Heiterkeit. So konnte ich meine beiden Jungs davon überzeugen, sich auf dieses Experiment einzulassen. Auf Folgendes haben wir uns geeinigt:

- Das Bad wird zur Mecker-Zone erklärt. Dort darf gequengelt werden.
- Beschwerden werden schriftlich eingereicht, in ganzen Sätzen.
- Wer jammert, schreibt danach eine positive Wahrheit auf.
- Und wir unterstützen uns gegenseitig und klopfen uns auf die Schulter, wenn wir statt Nörgeln mit Humor reagieren.

Wir haben es zunächst einen Tag lang ausprobiert. Schon vorher wurde uns klar, dass der Ton die Musik macht. Nur wer in flötendem Tonfall meckert, könnte damit durchkommen ... Während des Tages traten Fragen auf: Ist das schon Meckern oder nur eine Feststellung? Immerhin hat der eine Tag ausgereicht, dass wir bewusst wahrnehmen, wie oft und warum wir meckern. Vielleicht verlängern wir das Experiment ...

Dankbarkeit
Dankt Gott, ganz gleich wie eure Lebensumstände auch sein mögen. (1. Thessalonicher 5,18)

Über eine mir unbekannte Verwandte wurde erzählt: „Sie saß auf dem Sofa und nahm übel." So eine Haltung ist nur mit einer guten Prise Humor zu ertragen. Einen Grund zum Jammern und zur Sorge wird sich immer finden. Wir können uns aber genauso gut dafür entscheiden, dankbar zu sein. Auch dafür gibt es immer Gründe. Meine Tante war nicht ganz so positiv drauf. Sie prägte den Spruch: „Unter jedem Dach ein Ach." Das hatte ich vorher noch nie gehört. Sofort fingen mein Mann und ich an, uns eigene Versionen dazu auszudenken: „Unter jedem Busch ein Husch" und „An jeder Ecke eine Schnecke". Etwas albern, aber wir hatten unseren Spaß dabei. Auch in ihren Briefen war meine Tante nicht sehr heiter. Deswegen habe ich ihr später ein kleines Büchlein geschenkt, in das sie aufschreiben sollte, wofür sie dankbar ist. Zu meinem Erstaunen hat sie sich tatsächlich darauf eingelassen. Und sie hat selbst gemerkt, wie gut es ihr tut. Frage dich doch mal:

- ▶ Für welche deiner Eigenschaften bist du dankbar?
- ▶ Für welche Menschen in deinem Leben bist du dankbar?
- ▶ Für welche anderen Geschenke bist du dankbar?
- ▶ Und was wäre, wenn du all das nicht hättest?

Reflexion
Ich, der Herr, habe Frieden für euch im Sinn und will euch aus dem Leid befreien. Ich gebe euch wieder Zukunft und Hoffnung. (Jeremia 29,11)

Ein richtiges Tagebuch führe ich nicht. Aber ich habe ein Notizbuch, in dem ich festhalte, was mich bewegt. Ich schreibe in Stichworten auf, was geschehen ist und was mir dazu einfällt. Oft fallen mir Dinge ein, die mir gar nicht mehr bewusst waren. Geschenke von Gott, aber auch negative Erlebnisse, die ich verdrängt hatte. Das Aufschreiben hilft mir, meine Gedanken zu sammeln. Wenn ich die Sachen auf dem Papier sortiere, bekomme ich einen klaren Kopf. Ich spreche mit Gott über die Dinge, die mir zu schaffen machen, und überlasse ihm, was ich nicht ändern kann. Auch Vergebung ist manchmal nötig, es ist das reinste Aufräumen.

Zum Glück ist es aber nicht einseitig. Ich lege Gott meine Fragen vor, mal kommt gleich etwas, manchmal dauert es. Dafür ist es gut, die Anliegen notiert zu haben. So kann ich später nachvollziehen, wie die Sachen ausgegangen sind. Oft verstehe ich in Nachhinein, dass Gott einen guten Plan verfolgt hat, auch wenn es sich nicht so angefühlt hat.

Gute Gedanken
Egal, ob das Glas für dich halb voll oder halb leer ist: Wir alle brauchen Ermutigung vom außen. Natürlich hilft eine positive Lebenseinstellung, mit Stress und Konflikten besser umzugehen. Wenn ich zuversichtlich an Herausforderungen herangehe, bleibe ich gelassener. Oft stellt sich Erfolg ein und mein Selbstbewusstsein steigt. Unsere Gedanken prägen uns, unsere Sichtweise

und unser Verhalten. Deswegen versuche ich, negative Gedanken gar nicht weiterzuverfolgen.

Doch der Anspruch, immer alles positiv sehen zu müssen, kann uns auch unter Druck setzen. Und wenn wir ehrlich sind, ist nicht immer alles rosig. Gerade jetzt liegt vieles in der Welt im Argen, das lässt sich nicht schönreden. Darum brauchen wir dringend kraftvolle Wahrheiten, die uns neuen Mut machen. Bibelverse sind für mich wie positives Graffiti. Manche Verse springen mich richtig an – sie scheinen genau für meine Situation geschrieben zu sein. Auf der nächsten Seite gibt es ein paar gute Gedanken für dich …

PS: Ich habe meinen Sohn gefragt, wie sich der „Mecker-Diät-Tag" angefühlt hat. Er meinte, er wolle nicht zugeben, dass der Tag gut war.

Dieser Beitrag stammt von Hanni Platos Blog
meingartenglueck.com

Gute Gedanken aus der Bibel für dich

- Der Herr ist mein Hirte, mir wird nichts mangeln. (Psalm 23,1)

- Denn ich allein weiß, was ich mit euch vorhabe: Ich, der Herr, habe Frieden für euch im Sinn und will euch aus dem Leid befreien. Ich gebe euch wieder Zukunft und Hoffnung. Mein Wort gilt! (Jeremia 29,11)

- Bittet Gott, und er wird euch geben! Sucht, und ihr werdet finden! Klopft an, und euch wird die Tür geöffnet! (Matthäus 7,7-8)

- Du zeigst mir den Weg, der zum Leben führt. Du beschenkst mich mit Freude, denn du bist bei mir; aus deiner Hand empfange ich unendliches Glück. (Psalm 16,11)

- Aber alle, die ihre Hoffnung auf den Herrn setzen, bekommen neue Kraft. Sie sind wie Adler, denen mächtige Schwingen wachsen. (Jesaja 40,31)

Das Geschenk des Glaubens

Arthur Gordon

Ich erinnere mich an einen kalten Dezembernachmittag vor vielen Jahren, ich muss damals Anfang zwanzig gewesen sein. Für einen Freund und mich ging ein Tag zu Ende, den wir mit der Entenjagd verbracht hatten. Wir waren gerade dabei, die Lockvögel einzusammeln, als eine Schar Kanadagänse vorbeigeflogen kam. Sie glitten direkt durch den Sonnenuntergang, und zwar so niedrig, dass sich ihre Flügelspitzen in der völlig glatten Wasseroberfläche spiegelten. Der Anblick war so großartig, dass ich rief: „Schau mal! Da ist man doch dankbar, einfach nur am Leben zu sein."

Und mein Freund fragte leise. „Wem bist du dankbar?"

Mehr sagte er nicht, aber ich habe diese Worte nie vergessen, weil sie dem Kern meiner Philosophie so nahekamen. Mir scheint, dass die Geschenke des Lebens nicht zählbar oder messbar sind. Sie rufen unwillkürlich Dankbarkeit hervor. Aber wie kann man dankbar sein für ein Geschenk, ohne einen Schenkenden anzuerkennen und zu würdigen?

Seit jenem Nachmittag vor langer Zeit habe ich viel über das geschrieben, was man vielleicht als den Bereich der Religion und des Glaubens bezeichnen könnte. Ich habe Dutzende von Menschen interviewt – vielleicht auch Hunderte – und sie über ihre Überzeugungen befragt. Manche haben mich sehr beeindruckt, andere weniger. Aber es ist unmöglich, nicht zu der Schlussfolgerung zu gelangen, dass das Geschenk des Glaubens (und ich glaube, dass es wirklich ein Geschenk ist!) das kostbarste von allen ist. Menschen, die dieses Geschenk angenommen haben, sind stärker – und freundlicher – und selbstloser – und glücklicher. So einfach (und gleichzeitig so rätselhaft) ist das.

*Miss deinen Reichtum nicht
an den Dingen, die du hast,
sondern an den Dingen, die du hast,
die nicht mit Geld zu bezahlen sind.*

Autor unbekannt

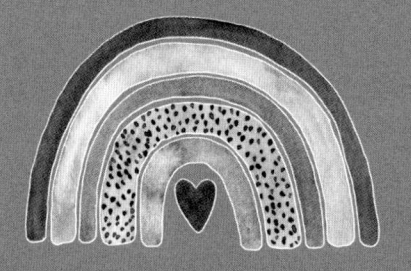

Eine Gelegenheit zur Freude

Francine Rivers

Im Frost der Widrigkeit denke an die Güte Gottes.
C. H. Spurgeon

Im Garten hinter unserem Haus haben wir einen Fliederbusch. Vor zehn Jahren habe ich ihn gepflanzt, und jedes Jahr hoffe ich zu sehen, wie er zahlreiche, herrlich duftende Blütentrauben hervorbringt. Wenn ich dann ganz oben zwei, drei hübsche Trauben entdecke, kann ich schon froh sein.

Meine Großeltern lebten in Colorado und hatten eine Fliederhecke, die voller prächtiger violetter Blüten war. Ricks Verwandte in Schweden hatten ebenfalls wunderschöne Fliederbüsche mit unglaublich vielen Blütentrauben.

Warum ist die Blütenpracht von meinem Fliederbusch dann bloß so erbärmlich? Ich lebe in Kalifornien. Das Wetter ist das ganze Jahr über schön. Der Himmel ist blau und die Sonne scheint selbst im tiefsten Winter.

Wenn es bei uns schneit, ist das so eine Seltenheit, dass wir geradezu überwältigt sind. Doch Fliederbüsche brauchen kaltes Wetter. Der Schnee und das Eis des Winters sind die Voraussetzung für die Fülle von Farben und Düften im Frühling. So bringen auch schwere Zeiten im Leben oftmals das Beste in einem Menschen hervor. Viele der größten Glaubensgeschichten sind aus dem Leid geboren. Menschen, die schwere Krankheit, Verluste oder andere persönliche Tragödien überstanden haben, sind danach umso mehr in ihrem Glauben „aufgeblüht". Die schlimmsten Umstände bewirkten anscheinend oft das größte Wachstum. So erinnern sich Christen häufig an ein starkes Gefühl der Gegenwart Gottes, wenn sie auf ihre schwersten Momente zurückblicken.

Der Grund dafür ist folgender: Wenn wir mit dem Undenkbaren konfrontiert sind, wenn wir ganz unten angekommen sind, erkennen wir, wie sehr wir Gott brauchen. Aus Verzweiflung greifen wir nach ihm, und sobald uns klar wird, dass er wirklich da ist, beginnt unser Glaube zu wachsen.

Jakobus schrieb die folgenden überraschenden Worte: „Betrachtet es als Grund zur Freude, wenn euer Glaube immer wieder hart auf die Probe gestellt wird." Wieso Freude? Weil diese Proben für uns zu einer Schule der Geduld werden. Und mit Geduld können wir so werden, wie Gott uns gedacht hat: Wir blühen auf – durch unseren blühenden Glauben und Mut, der beflügelt.

Eine *Schachtel* für Sorgen und *Herzenswünsche*

Verena Keil

Vom Automobil-Pionier Walter Chrysler (1875-1940) wird erzählt, dass er täglich seine Sorgen aufgeschrieben und in eine Box gesteckt haben soll. Wenn er seine Sorgenschachtel nach einiger Zeit wieder geöffnet hat, werden sich sehr wahrscheinlich einige seiner Befürchtungen und Ängste „erledigt" haben, sodass sie in den Papierkorb weiterwandern konnten.

Etwas ganz Ähnliches wie diese Sorgenschachtel hat die Missionarin Maria Prean. „Ich habe eine EDJE-Box", sagte sie einmal in einem Interview. „,Etwas, das Jesus für mich erledigt.' Alle zwei Monate lese ich mir die Zettel durch. Was Gott erledigt hat, dafür danke und lobe ich ihn. Den Rest werfe ich wieder hinein."

Natürlich ist so eine Schachtel keine magische Box. Nicht jede Sorge wird man zeitnah los. Nicht jeder Herzenswunsch erfüllt sich. Aber eine solche Box kann helfen, zu sehen, dass Gott auf unsere Gebete antwortet und wie sehr er sich um uns kümmert, Tag für Tag.

Zwei Hemden

Ein Freund, der in der Dominikanischen Republik für eine christliche Hilfsorganisation arbeitete, hatte sich mit einem kleinen Jungen namens Etin angefreundet. Ihm fiel auf, dass Etin immer dasselbe schmutzige, zerfetzte Hemd anhatte – wenn er überhaupt eines trug. Im Lager wurde eine Kiste mit gebrauchten Kleidungsstücken abgegeben. Mein Freund fand zwei Hemden darin, die noch ganz gut aussahen und ungefähr Etins Größe entsprachen. Deshalb schenkte er sie dem Jungen, der ihm dafür sehr dankbar war. Einige Tage später sah er einen anderen Jungen, der eines der besagten Hemden trug. Als mein Freund Etin das nächste Mal traf, erklärte er ihm, dass die Hemden für ihn bestimmt waren. Etin sah ihn nur an und sagte: „Aber du hast mir doch zwei gegeben!"

Dank für die alltäglichen Dinge

Heike Malisic

„Wie geht es dir?", fragte mich eine Freundin, die ich seit einem Jahr nicht gesehen hatte. „Gut", antwortete ich wahrheitsgemäß, „aber ich habe sehr viel Arbeit zu Hause." Ihre Antwort brachte mich zum Nachdenken: Mir wurde klar: Viel Arbeit bedeutet, überhaupt Arbeit zu haben. Dafür darf ich dankbar sein. Das, was mir Mühe macht, ist immer auch einen Dank wert.

Wenn ich morgens durch das Haus gehe und die liegen gebliebenen Siebensachen meiner Kinder zusammenräume, kann ich mich glücklich schätzen, dass ich überhaupt Kinder habe. Wenn ich das Haus sauge und Fenster putze, kann ich dankbar sein, weil ich ein Dach über dem Kopf habe. Wenn ich die hohe Heizkostenrechnung überweisen muss, darf ich dankbar sein, weil ich es im Winter warm habe. Wenn die Hose anfängt zu spannen, darf ich dankbar sein, denn es zeigt mir, dass ich genug zum Essen habe. Wenn sie wieder anfängt, locker zu sitzen, bin ich dankbar, dass ich mich disziplinieren konnte, nicht über mein Sättigungsgefühl zu essen. Wenn ich meine Steuern zahlen muss, bin ich dankbar, weil das mir zeigt, dass ich eine Arbeit habe. Wenn ich auf der Terrasse die laute Musik des Nachbarn ertragen muss, darf ich dankbar sein, denn ich kann hören. Wenn sich die Bügelwäsche stapelt, kann ich dankbar sein, etwas zum Anziehen zu haben. Wenn mich morgens um sechs Uhr der Wecker aus meinen Träumen reißt, bin ich dankbar, denn ich lebe und ein weiterer wundervoller Tag beginnt.

Dankbarkeitsübung

Schreiben Sie drei Dinge auf, die Sie manchmal nerven. Überlegen Sie, warum Sie für diese Dinge trotzdem dankbar sein können, und schreiben Sie auch das auf. Jedes Mal, wenn Sie sich heute über diese Dinge ärgern, erinnern Sie sich daran, warum Sie dafür dankbar sein können.

*Denk an das Gute an deinem Leben.
Es ist, als würde man Sonnenschein
auf einen wolkigen Tag streuen.*

Alice Gray

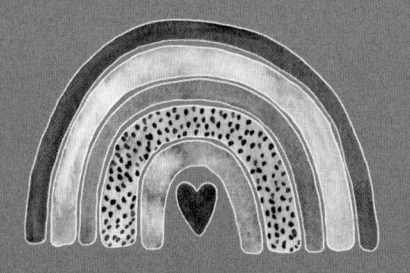

Die Brille der *Dankbarkeit*

Silvia Konstantinou

„Jeden Abend danke ich Gott für mindestens zehn Dinge", erzählte ein holländischer Missionar. „Und wenn es mir schlecht geht", fügte er ernsthaft hinzu, „dann für zwanzig!" Er meinte, was er sagte. Er gab weiter, was er selbst als hilfreich erfahren hatte. Damit lehrte er mich eine der wichtigsten Lektionen für mein Leben mit Gott. Es ist dieselbe Wahrheit, die auch das Sprichwort beschreibt: „Loben zieht nach oben, Danken schützt vor Wanken."

Sich in der Stunde der Not zum Danken zu überwinden ist schwer. Aber es ist Gottes Heilmittel für eine verzweifelte Seele: „Wer Dank opfert, der preiset mich, und da ist der Weg, dass ich ihm zeige das Heil Gottes" (Psalm 50,23; Luther).

Ist es ehrlich, angesichts einer Hiobsbotschaft zu danken? Ich danke ja nicht für das Unglück, sondern in dem traurigen Umstand. Das Danken führt mich nämlich zu der tröstlichen Wahrheit, dass Gott keinen Fehler macht.

Er meint es gut mit mir. Er wird mich nicht verlassen. Er ist es, dem ich vertrauen kann und der mich zu einem guten Ende führt – und das trotz der gegenwärtigen Not.

Manchmal habe ich unter Tränen gedankt. Ich habe mich vor ein leeres Blatt Papier gesetzt, um festzuhalten, wofür ich danken kann. Es hat sich vielleicht verkehrt angefühlt und wehgetan, aber es war dennoch richtig und hat mich befreit.

Kann ich also lernen, dankbar zu sein? Es ist sogar notwendig, denn es wird mir nicht in den Schoß fallen! Dankbarkeit ist eine starke Waffe gegen negatives Denken und Selbstsucht, so effektiv, dass der Teufel alles daransetzt, sie uns zu stehlen. Dankbarkeit ist die Brille, durch die ich die Welt erst begreife, wie Gott sie gemacht und gedacht hat. Wenn ich diese Brille morgens aufsetze, bin ich fähig, in jeder Situation des Tages die Geschenke zu entdecken – nicht den Mangel oder die Mühe darin.

Dankbarkeit befähigt mich, von mir selbst wegzuschauen. Dankbarkeit führt zu Frieden und Liebe. Sie vertreibt die dunklen Wolken, gibt Orientierung und zerreißt die Ketten des Selbstmitleids. Sie macht glücklich. Denn wie sagte der Philosoph Francis Bacon: „Nicht die Glücklichen sind dankbar. Es sind die Dankbaren, die glücklich sind."

Der erste Gedanke

Ellen Nieswiodek-Martin

Stellen Sie sich vor, jemand schenkt Ihnen Zeit. Sagen wir, etwa fünf Stunden. Was würden Sie damit tun? Füllen Sie die Zeit mit Arbeit? Setzen Sie sich hin und genießen die Ruhe? Tun Sie sich etwas Gutes?

Neulich hatte ich solch eine Situation. Ich hatte vor mehreren Wochen zugesagt, bei einer Veranstaltung in der Grundschule zu helfen. Am Abend vor dem großen Ereignis gab mir meine Tochter einen Zettel: „Wegen der regnerischen Wetterlage wird die Veranstaltung abgesagt. Die Kinder haben normalen Unterricht."

Ich hatte also unerwartet einen freien Vormittag. Mehrere Stunden unverplante Zeit – wie sollte ich sie gestalten? Ich war hin- und hergerissen zwischen dem Abarbeiten einer To-do-Liste und dem Wunsch, einmal einen ganzen Vormittag auszuruhen. Zeit für Stille zu haben. Die letzte Zeit war stressig gewesen, ich hatte seit Tagen Rückenschmerzen … Dennoch fiel es mir schwer, mich zu entscheiden.

Was ist Ihr erster Gedanke, wenn Sie überraschend Zeit geschenkt bekommen? Wenn ein Besuch oder ein Termin abgesagt wird?

Ich habe an diesem Tag einen Mittelweg gewählt: Ich habe mich tatsächlich noch mal ins Bett gelegt mit einem Wärmekissen im Rücken und meinem Andachtsbuch. Und was las ich da? Einen Text über nie endende To-do-Listen. Danach lag ich eine gefühlt lange Zeit (eigentlich waren es nur dreißig Minuten) im Bett und dachte nach. Darüber, was Gott wohl an diesem Tag von mir wollte. Darüber, warum ich Rückenschmerzen hatte. Darüber, was mir wirklich guttut. Mir wurde bewusst, dass das Beste, was ich mit freier Zeit tun kann, ist, mich auf Gott zu konzentrieren. Vor ihm auszusprechen, was mich beschäftigt. Bei ihm zur Ruhe zu kommen. Mich von ihm auf das Wesentliche hinweisen lassen. Wie ein Wegweiser, den der Wind in die richtige Richtung dreht.

Um solche Erfahrungen mit Gott zu machen, möchte ich nicht nur auf freie Zeiten warten, sondern sie mir bewusst schaffen. Ich habe an diesem Tag später einiges abarbeiten können, was schon lange auf meinem Schreibtisch lag. Sogar für ein paar Rückenübungen hat es noch gereicht. Das Beste aber war das Bewusstsein, dass ich bei Gott zur Ruhe kommen kann. An jedem Ort. Zu jeder Zeit. Davon zehrte ich den Rest des Tages.

Warum *Stille* *lebensnotwendig* ist

Jürgen Werth

Es war in der Lounge eines brasilianischen Hotels. Die Hitze wurde von Minute zu Minute unerträglicher. Die Gäste tupften sich den Schweiß von der Stirn. Schließlich schnauzte einer den Kellner an: „Läuft Ihre Klimaanlage eigentlich nicht?"

„Doch!", erwiderte der lakonisch. „Sie läuft auf Hochtouren! Aber sie ist kaputt! Wir warten auf die Wartung!"

Als ich diese kleine Geschichte zum ersten Mal hörte, fühlte ich mich ertappt. Bin das nicht ich? Ich laufe auf Hochtouren. Laufe und lebe mir die Seele aus dem Leib. Werde gezogen und gedrückt und gejagt. Aber ich funktioniere nicht mehr. Bin „kaputt". Dabei möchte ich doch, dass mein Leben Bedeutung hat. Dass etwas dabei herauskommt. Dass es anderen Menschen Kühlung verschafft in der Hitze des Tages. Und Wärme in der Kälte der Nacht.

Ich brauche wohl auch regelmäßig Wartung. Himmlische Wartung. Und die geschieht in der Stille.

Seit einigen Jahren macht ein „Zauberwort" die Runde: Entschleunigung. Will sagen: Wer leben will, muss das Leben wieder langsam leben, Schritt für Schritt gehen. Früher, wenn wir bei meiner Oma „Mensch ärgere dich nicht" spielten und einer von uns eine Eins nach der anderen würfelte, schmunzelte sie hin und wieder: „Ein guter Spieler macht die Felder einzeln!" Das war nun wirklich ein schwacher Trost. Heute aber gilt das fürs Leben, finde ich. Feld für Feld gehen. Wort für Wort wahrnehmen. Tag für Tag leben. Minute für Minute. Lasst uns das Leben wieder langsam leben. Und leise. Weniger ist mehr.

Neben der Entschleunigung plädiere ich für eine radikale Entlärmung. Man muss nicht immer und überall Musik konsumieren. Man muss nicht jede Nachricht hören. Man kann auch ohne iPod ganz wunderbar durch die Wälder joggen. Und den Vogelstimmen oder dem eigenen Herzschlag lauschen. Radio und Fernseher müssen nicht den ganzen Tag laufen. Im Auto schalte ich zuweilen die Verkehrsnachrichten aus, wenn ich sie nicht brauche. Warum sollen mir Informationen den Kopf zumüllen, die im Moment komplett unwichtig für mich sind!

Ich kann nicht aussteigen aus der Welt. Aber ich kann sie gestalten. Auf dem Auto einer Schweizer Kollegin klebt der Satz: „Design your life before it designs you!" Gestalte dein Leben, bevor es dich gestaltet. Es ist nicht zu spät. Eines meiner Bücher trägt den Titel „Und jeden

Tag erfindet Gott das Leben neu". Er tut das, davon bin ich überzeugt. Jeden Tag nimmt er mich neu an die Hand und lässt sich Gutes einfallen für mich. Und wenn er das tut, kann ich das auch tun. Mein Leben neu erfinden. Und mir Gutes einfallen lassen. Für mich und für andere. Damit ich nicht länger eine kaputte Klimaanlage bleibe ...

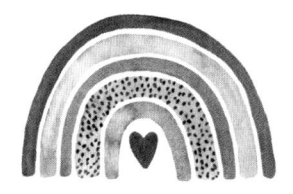

Ruhe für die Seele

Oh treue Seele! Die Ruhe in dir selbst, die du genießt, ist lediglich ein Abglanz der Ruhe, die du bei Gott finden wirst!
Madame Guyon

Rasten Sie. Ruhen Sie. Nehmen Sie sich Zeiten der Stille, in denen Sie einfach nur nachdenken – über Gott, über das Leben und darüber, wozu Sie berufen sind. Solche Zeiten erfrischen, schenken uns die notwendigen Pausen und helfen uns dabei, unsere Ziele wieder konzentriert zu verfolgen.

Madame Guyon will gleichzeitig aber auch deutlich machen, dass solche kostbaren Zeiten nur ein Schatten der Ruhe sind, die unsere Seele bei Gott finden kann. Unsere Seele dürstet, und nur Gott allein kann diesen Durst stillen. Wir hungern danach, Gottes Liebe kennenzulernen, und er füllt uns überreich mit Nahrung aus seinem Wort. Wir durchleben schwere Zeiten, und er schenkt uns die Erfrischung, die wir brauchen, um weiterzumachen. Wir plagen uns mit Schuldgefühlen herum, weil wir andere verletzt oder Fehler begangen haben, und er gewährt uns Vergebung und schenkt uns wahren Frieden und echte Ruhe. Wir brauchen immer wieder einen

Ort, an dem wir Ruhe vor dem Sturm finden, und er lädt uns ein in seine schützenden Arme.

Lassen Sie Ihre Seele heute Ruhe bei ihm finden.

Bei Gott zur Ruhe kommen

Nur bei Gott komme ich zur Ruhe;
er allein gibt mir Hoffnung.
Nur er ist ein schützender Fels
und eine sichere Burg.
Er steht mir bei,
und niemand kann mich zu Fall bringen.
Gott rettet mich, er steht für meine Ehre ein.
Er schützt mich wie ein starker Fels,
bei ihm bin ich geborgen.
Ihr Menschen, vertraut ihm jederzeit
und schüttet euer Herz bei ihm aus!
Gott ist unsere Zuflucht.

Psalm 62,6–9

Die Kraft des Menschen ist das Gebet.
Beten ist Atemholen aus Gott.
Beten heißt, sich Gott anvertrauen.
Das Gebet ist das Herz
des christlichen Lebens.

Dietrich Bonhoeffer

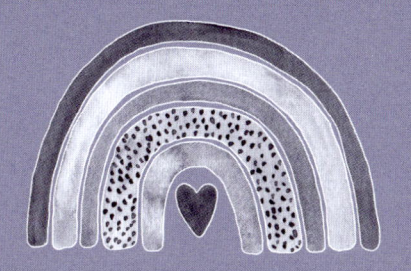

Sechs Fragen an dich

Innehalten, zur Ruhe kommen. Nichts ist schwerer als das. Stellen Sie sich in einem ruhigen Moment doch mal folgende Fragen und hören Sie dann in sich hinein.

- Was war in letzter Zeit schön?
- Was war nicht so toll?
- Was habe ich Neues erfahren und gelernt?
- Welche Menschen sind mir (neu) wichtig geworden?
- Wann habe ich mich Gott besonders nah gefühlt?
- Was möchte ich an Gott abgeben?

Aufblühen in Gottes heilsamer Nähe

Clarissa Gröschen

Während meiner gesamten Kindheit standen Kakteen auf unserer Fensterbank. Denn Kakteen sind pflegeleicht. Bis heute habe ich keinen „grünen Daumen" entwickelt. Meine Zimmerpflanzen müssen manchmal lange Durststrecken aushalten. Oder ich meine es besonders gut und überwässere sie. Daher staune ich, dass heute ausgerechnet eine Blume für Gottes Segensspuren in meinem Leben steht ...

Mit Anfang 20 saß ich mit ein paar Leuten zusammen. Wir hatten gerade Lobpreislieder gesungen, als einer sagte: „Ich habe den Eindruck, dass Gott mir einen prophetischen Eindruck für jemanden von euch gegeben hat. Prüft selbst, ob ihr etwas damit anfangen könnt. Es ist das Bild von einer Blume. Ihre Knospe ist noch geschlossen, aber kurz davor, ihre Blüte zu öffnen." Sofort dachte ich an eine rote Rose. Der Klassiker. Könnte das etwas mit meinem Leben zu tun haben? Ich tat den Gedanken schnell ab. Mir war damals fremd, dass Menschen konkrete Bilder und Gedanken von Gott weitergeben, und ich war vorsichtig. Wer weiß, ob da nicht jemand die eigene Fantasie mit Gottes Reden verwechselt? Gleichzeitig hielt ich ihn für geistlich fit und war zuversichtlich, dass Gott auch heute noch redet – manchmal ganz schlicht durch Lieder oder Gedanken. Die Beschreibung von der Knospe hallte in mir nach. Doch sie hatte aktuell keine Bedeutung für mein Leben und ich vergrub die Worte tief in meinem Gedächtnis.

Einige Jahre vergingen. Jahre, die sehr hart für mich waren. Liebe Menschen starben und rasant folgte eine Katastrophe auf die nächste. Das zehrte an meinen Kräften. Das Schöne, Unbeschwerte wich immer wieder einer Traurigkeit. Die Summe und die hohe Taktung der Ereignisse waren so heftig, dass eine Freundin feststellte: „Dein Leben ist gerade wie eine schlechte Soap." Das traf den Nagel auf den Kopf. Ich fühlte mich ausgeknockt und kraftlos. Zum Beispiel als Mitarbeiterin in der Jugendgruppe meiner Gemeinde merkte ich die Auswirkung: Statt fröhlich mit den Teens zu spaßen, war ich oft in Gedanken.

Eines Tages arbeitete ich wieder in meinem Job in einem kleinen Gemüseladen. Eine Kollegin sprach mich an: „Clarissa, ..."

Ein Mann drehte sich zu mir um. „Clarissa, Sie heißen Clarissa?"

Ich war irritiert, also schob er nach: „Ich habe eine Mutter-Orchidee, die so heißt."

Wir kamen ins Gespräch und er erzählte, dass er Orchideen züchtet. Jede neue Zucht stammt von einer „Mutter-Orchidee" ab und ihre Ableger erhalten deren Namen. Gerade hatte er mit einer neuen Orchidee experimentiert – sie trug meinen Namen. Im Anschluss an die Arbeit besichtigte ich seine Gewächshäuser und sah in einem Meer aus Blüten meine Namensvetterin: eine Phalaenopsis oder Schmetterlingsorchidee mit großen weißen Blütenblättern. Wirklich prachtvoll! Er erklärte mir, dass man vorher nie weiß, ob die neue Kreuzung später tatsächlich auf den Markt kommt. Zuerst werden mehrere Pflanzen herangezogen und über viele Monate sorgfältig geprüft. Wenn ihre Qualität und Optik überzeugen, schafft es die neue Orchidee in den Verkauf.

Ich lernte an diesem Tag viel über die exotischen Pflanzen. Besonders eines blieb mir im Gedächtnis: Immer wieder gibt es Zeiten, in denen die Blüten abfallen. Die Blume sieht dann aus, als wäre sie hinüber. Mehrfach hatte ich das mit Orchideen schon erlebt und die kahlen Stängel immer entsorgt. Warum eine Pflanze aufheben, deren Blütezeit und Schönheit vergangen sind? Doch der Eindruck täuscht. Orchideen bringen ständig neue Blüten hervor. Das überraschte mich. Zum Abschied schenkte mir der Züchter eine Orchidee, die ich erwartungsvoll auf meine Fensterbank stellte. Nach einigen Monaten fielen die Blüten ab und ließen leere Stängel zurück. Trostlos, kahl und hoffnungslos. Nichts deutete darauf hin, dass bald etwas Neues entstehen könnte.

Aber diesmal wollte ich es besser machen und Geduld zeigen. Und tatsächlich: Nach einigen Wochen erwachte die scheinbar tote Pflanze zu neuem Leben. Eine Knospe formte sich. Nun wartete ich gespannt darauf, dass sie sich endlich öffnen würde und vergaß natürlich gleichzeitig, ihr Wasser zu geben. Aber die Knospe wuchs weiter.

Dann fuhr ich als Mitarbeiterin zu einer Teen-Freizeit. Während ich im Bus saß, räumte meine Familie erneut die Wohnung eines geliebten Menschen aus, der gerade seine himmlische Wohnung bezogen hatte. Mein Herz war schwer. Doch auf dieser Freizeit merkte ich deutlich, dass meine eigenen schmerzvollen Erfahrungen halfen, Verständnis für andere zu zeigen. Eine Teilnehmerin vertraute mir ihre leidvolle Geschichte an und ich konnte ihrer Trauer, Wut und ihren Zweifeln an Gott auf eine gute Weise begegnen. Einige Mädchen stellten persönliche Fragen, die uns in tiefgehende Gespräche brachten. Ich fühlte mich durch die Begegnungen reich beschenkt und merkte, dass es umgekehrt genauso war. In den vergangenen Jahren war in mir eine Tiefe gewachsen, die mir und anderen nun zum Gewinn wurde. Was für ein Geschenk! Vor allem, da ich mich auf der Hinfahrt so leer gefühlt hatte.

Nach zwei Freizeitwochen kam ich nach Hause. Zurück zu meiner Orchidee. Und was für ein Timing! Noch am selben Abend öffnete sie ihre Knospe. In einem unbeobachteten Moment gab sie ihre Blätter frei und zeigte die lang ersehnte Blüte. Drei Jahre zuvor war das Bild von der Blume ein Rätsel für mich gewesen. In diesem Augenblick erinnerte ich mich daran und erkannte eine tiefe Wahrheit: Gott schafft Neues. Mit viel Geduld und Weitsicht. Auch dort, wo ich keinen Grund zur Hoffnung sehe. Er hat mich nicht aufgegeben, sondern eine neue Blütezeit geschenkt. Die Orchidee ist für mich zu einem starken Bild geworden. Sogar in den schweren Jahren legt Jesus seine Segensspuren. Er liebt das Kaputte und scheinbar Hoffnungslose und sieht mehr in mir, als ich selbst ahne. Das ist das Wunder, das ich erlebt habe. Eine Blüte, die entgegen aller Logik unverhofft entsteht und sich zur rechten Zeit entfaltet.

Übrigens entdeckte ich im Verzeichnis des Züchters noch viele weitere Orchideen mit Namen wie Emilie, Janina oder Svetlana. Es gibt so viele „von uns". Meine eigene Namensvetterin hat es auch auf den Markt geschafft. Fünf Ableger zieren seither meine Fensterbank. Hinter mir liegen weitere Jahre mit Höhen und Tiefen. Meine Orchideen haben mich durch verschiedene Wohnungen und Lebensphasen begleitet. Jahr für Jahr werfen sie Blüten ab und bilden dann neue Knospen, die zu voller Pracht aufblühen. Immer und immer wieder. Gott sei Dank.

*Denn siehe, ich will ein Neues schaffen,
jetzt wächst es auf,
erkennt ihr's denn nicht?
Ich mache einen Weg in der Wüste
und Wasserströme in der Einöde.*

Jesaja 43,19; LU

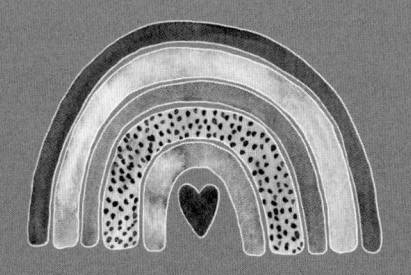

Musik in meinen Ohren

Astrid Harbeck

Eines Tages berichtete meine Mutter, dass der christliche Buchladen in meiner Heimatstadt schließen würde. Sie meinte, es lohne sich vielleicht, bei meinem nächsten Besuch dort vorbeizuschauen. In diesem Laden hatte ich schon einige Bücher gekauft, und so machte ich mich erwartungsvoll auf den Weg.

Als ich im Laden stand, kam die Ernüchterung. Statt vieler Regale voller Schnäppchen erblickte ich nur ein einziges Regal, das lediglich zur Hälfte mit Büchern bestückt war. Ich war der einzige Kunde, und mein Reflex war, sofort wieder zu gehen. Das wäre mir dann aber doch zu peinlich gewesen, deshalb entschloss ich mich anstandshalber, die verbliebenen Bücher einmal in Augenschein zu nehmen. Das war schnell geschehen – es war nichts Interessantes für mich dabei. Da entdeckte ich eine kleine Schachtel mit etwa dreißig CDs.

Von christlicher Musik hatte ich bis dato keine Ahnung, kannte keine Stilrichtung, geschweige denn Interpreten. Um das Geschäft nicht schon nach zwei Minuten wieder zu verlassen, schaute ich den Stapel durch.

Plötzlich hörte ich eine Stimme hinter mir: „Kauf diese CD!" Ich drehte mich um, doch da war niemand! Der Ladenbesitzer stand in einer anderen Ecke, und außer uns beiden war niemand anwesend. Seltsam.

Ich schaute die CDs noch einmal durch, und bei demselben Exemplar hörte ich erneut ganz deutlich eine Stimme, die sagte: „Kauf diese CD!" Nun ging in meinem Kopf eine Argumentation los: *Wie verrückt, eine CD zu kaufen, deren Interpreten man nicht kennt, von der man noch nicht mal weiß, ob es sich um Volksmusik, Rock, Heavy Metal oder Jazz handelt! Das macht doch kein Mensch!*

Ich wollte der Sache dennoch eine Chance geben und fragte den Besitzer, ob ich in die CD reinhören könne. Leider war kein CD-Player vorhanden. Also steckte ich sie wieder zurück. Zum dritten Mal hörte ich die Stimme: „Kauf diese CD!" Ich schaute auf den Preis: acht Euro. Das schien mir vertretbar für eine zweifelhafte Investition, also nahm ich sie mit.

Zu Hause angekommen, steckte ich sie sofort in den Player. Ich war zutiefst berührt. Die Lieder sprachen direkt in mein Herz. Sie lockten und umwarben mich, sie waren heilsam und ermutigend, sie erzählten mir etwas über Gott. Ich hatte zwar schon in den unterschiedlichsten Bereichen der Kirche mitgearbeitet, aber ich hatte nie gehört, dass man zu Jesus eine lebendige Beziehung haben und ihm sein Leben übergeben kann. Nun begann ich zu ahnen, dass es im Glauben mehr gab als das, was ich kannte.

Die CD hat mich auf die Spur gebracht, Jesus kennenzulernen und mehr von ihm zu entdecken. Ich habe sie etwa ein Jahr lang mindestens einmal täglich gehört, denn sie hat auf unglaubliche Weise direkt zu mir gesprochen. Sie war der Startschuss eines neuen Lebens mit Gott und begleitete mich auf meinem Weg mit ihm, der mich schließlich in eine lebendige Gemeinde führte. Ja, diese CD war der Anfang einer echten Beziehung zu Gott. Mir ist das seither nie mehr passiert, aber ich bin sicher, an jenem Tag im Buchladen Gottes Stimme gehört zu haben. Und ich bin zutiefst dankbar, ihr gefolgt zu sein.

Wenn Gott durch Träume spricht

Verena Keil

Vor Kurzem hatte ich einen Traum. Ich weiß nicht mehr, wo ich in meinem Traum war, aber es standen viele Leute in einem Raum. Plötzlich sah ich dort eine gute Bekannte, die anfing zu erzählen: „Gott hat uns sicher durch einen Sturm geführt." Und dann sagte sie weiter: „Gott formt unsere Tränen. Er küsst jede unserer Tränen ab."

Sofort nach dieser Traumszene wachte ich abrupt auf. Die Worte waren so deutlich, so klar. Und sie bewegten mich. So eine liebevolle Geste von Gott! Ich war berührt, bewahrte den Traum noch etwas in meinem Herzen und erzählte ihn dann der Bekannten. *Ob sie damit etwas anfangen kann?*, fragte ich mich.

Die Antwort kam zu meiner Überraschung prompt, sie schrieb mir: „Das ist so schön und so krass! Ich hatte nämlich während unseres Gottesdienstes vor vier Tagen genau *diesen* Gedanken: Jesus küsst unsere Tränen vom Gesicht! Vorher ging es in der Predigt darum, dass sich die Juden während des Passahfestes mit einer Schüssel

Salzwasser an die Tränen der Trübsal erinnern, die sie in der ägyptischen Sklaverei vergossen. Und dann fragte die Gottesdienstleiterin die anwesenden Kinder, wie das Wasser in der aufgestellten Schale denn schmecke: ‚Salzig', antworteten sie, und ein kleines Mädchen sagte: ‚Einmal hab ich meinen Bruder geküsst, als er so geweint hat, und das war genauso – das hat auch salzig geschmeckt.' Und in diesem Moment dachte ich: Jesus küsst auch meine Tränen ab ..."

Ich war sprachlos und nun zum zweiten Mal tief angerührt. Ja, für meine Bekannte kam der Impuls genau im richtigen Moment.

Gott hat mir durch dieses Erlebnis gezeigt, wie er ist: liebevoll und voller Erbarmen. Ihm ist unser Schmerz nicht egal. Er nimmt ihn in seine Hände und formt aus den Tränen etwas wunderbar Neues und Kostbares. Der Traum hat mir klar gemacht, dass Gott uns gern trösten und ermutigen will – und uns als Ermutiger für andere losschicken möchte. Manchmal benutzt er dafür offensichtlich auch Träume ...

Gottes leise Stimme hören

Verena Keil

Gott liebt es, sich uns mitzuteilen. Er ist an unserem Leben interessiert, als unser Freund, Liebhaber, guter Hirte, Versorger, Tröster, Helfer. Er ist kein stummer Gott, der irgendwann nach Jesu Auferstehung und Himmelfahrt aufgehört hat, zu den Menschen zu sprechen. Ja, er spricht durch das Lesen in der Bibel zu uns – sehr oft sogar, aber er legt sich nicht darauf fest, ausschließlich durch Sätze in Tausende Jahre alten Schriften zu uns reden. Er ist ein lebendiger Gott, und darum spricht er mitten in unseren Alltag hinein. Oft tut er es sehr leise, sodass wir es im Alltag, inmitten all dieser lauten Stimmen um und in uns, leicht überhören können.

Wenn wir „auf Empfang" sind, können wir jedoch hören, wie Gott in unsere Gedanken hineinflüstert. „Ich hab dich lieb." „Ich sehe dich." Oder auch: „Ruf doch mal XY an." Manchmal spricht er auch durch Worte anderer Menschen zu uns, durch Sachen in der Natur – wie einen Regenbogen oder einen Sonnenstrahl, einen Liedvers, eine Predigt, Alltagsdinge, eine Blitzidee, ein Bild oder einen Traum, durch innere Wünsche und Sehnsüchte …

Ich will mich immer wieder aufmachen, meinen inneren Sender auf Empfang zu stellen. Um sein Reden, seine „Anschubser" und Ermutigungen wahrzunehmen. Mit allen Sinnen. Er ist ein kommunikativer Gott – auch wenn er manchmal schweigt, wenn ich Dinge nicht verstehe oder ich jetzt sofort eine Antwort auf ein bestimmtes Problem haben will.

Ein paar Dinge habe ich bisher festgestellt: Gott spricht oft im Gebet. Besonders, wenn ich gerade „down" bin. Er erinnert mich oft an ermutigende Gedanken aus der Bibel. (Bibelverse zu kennen und immer wieder zu lesen, ist sehr hilfreich.) Und: Wenn es wirklich Gottes Stimme ist, dann ist es immer ermutigend und hilfreich – nie etwas, was mir Angst macht oder mich unter Druck setzt. (Das bin ich dann meist selbst.)

„Unserem Gott in den kleinen und großen Dingen unseres Lebens zu vertrauen und eine nahe Herzensbeziehung mit ihm zu haben, das ist sowohl die Voraussetzung als auch das Ziel des Hörens von Gottes Stimme", schreibt Sonja Sorbarra, Autorin von „Du sprichst zu mir. Wenn Gottes Stimme dein Leben prägt". Das möchte ich immer wieder üben: Gott zu vertrauen und immer tiefer in der Herzensbeziehung zu ihm wachsen.

Das *Gebet* der liebenden *Aufmerksamkeit*

Sharon G. Brown

Werden Sie innerlich still. Danken Sie für einige Geschenke, die Gott Ihnen heute hat zuteilwerden lassen. Bitten Sie anschließend Gottes Geist, Sie zu leiten, während Sie betend über Ihren Tag nachdenken. Lassen Sie Ihre Erlebnisse wie einen Kurzfilm in Ihrem Geist ablaufen. Halten Sie fest, was Ihnen Energie geschenkt und was Sie erschöpft hat. Achten Sie darauf, ob Gottes Geist Sie bei einer Sache zum Verweilen und Nachdenken einlädt.

Einige Fragen, über die Sie während der Übung nachdenken können:

▶ *Wann waren Sie sich heute der Gegenwart Gottes bewusst?*
▶ *Wann fühlten Sie Gottes Abwesenheit?*
▶ *Wann fühlten Sie sich besonders lebendig und energiegeladen?*

▶ *Wann fühlten Sie sich erschöpft, beunruhigt oder aufgewühlt?*

Nachdem Sie über Ihren Tag nachgedacht haben, bekennen Sie, was bekannt werden muss. Lassen Sie zu, dass Gottes Geist Ihnen ein Gefühl der Zufriedenheit, Gnade und Befreiung schenkt.

Wunder

Yitta Halberstam und Judith Leventhal

„Das Leben ist eine kleine Sache!" Das hat der Dichter Robert Browning einmal geschrieben. Aber eine ganz kleine Sache kann auch das Leben bedeuten – ja sogar zwei Leben.

Wie gut ich mich doch erinnere! Vor zwei Jahren erlebten mein Freund Scott Reasoner und ich in der Innenstadt von Denver, wie ein winziges, ganz unspektakuläres Ereignis die Welt veränderte, ohne dass es sonst überhaupt jemand bemerkt hätte.

Es war einer dieser wunderschönen Tage. Die Luft war kristallklar und trocken, keine Wolke war am Himmel zu sehen. Wir beschlossen, die paar Blocks zu einem Restaurant, in dem man draußen sitzen konnte, zu Fuß zu gehen, statt den Bus zu nehmen. Das Restaurant, das die Form eines Baseballfeldes hat, hieß Blake Street Baseball Club. Die Tische waren daher stilgerecht auf einer Rasenfläche gedeckt. Darüber hingen bunte Wimpel und Flaggen schlaff und reglos herunter.

Wir saßen draußen, die Sonne brannte auf uns herunter und es wurde immer heißer. Kein Lufthauch regte sich und die Hitze wurde von der Tischplatte reflektiert. Nichts bewegte sich – außer den Kellnern natürlich, aber auch die eher langsam.

Nach dem Mittagessen machten Scott und ich uns auf den Rückweg zur Arbeit durch das Einkaufszentrum. Wir wurden beide auf eine junge Mutter und ihre kleine Tochter aufmerksam, die aus einem Grußkartenladen herauskamen und in Richtung Straße gingen. Die Frau hielt ihre Tochter an der Hand, während sie die Aufschrift der erworbenen Karte las. Meinem Freund und mir war im selben Augenblick klar, dass sie nicht mitbekam, wie sich der Bus in schnellem Tempo näherte, weil sie so intensiv mit der Karte beschäftigt war.

Sie und ihre Tochter waren nur noch einen Schritt von der Katastrophe entfernt, als Scott zu einem Schrei ansetzte. Er hatte aber noch keinen Ton herausgebracht, als eine leichte Brise der Frau die Karte aus der Hand wehte. Sie wirbelte herum und versuchte, die Karte in der Luft zu schnappen, wobei sie jedoch ihre Tochter anrempelte und deshalb die Karte nicht zu fassen bekam. Als sie die Karte dann vom Boden aufhob und sich wieder umdrehte, um nun endlich die Straße zu überqueren, war der Bus bereits vorbeigefahren. Sie hat nie erfahren, was beinah passiert wäre.

Bis heute sind es zwei Dinge, die mich an dieser Geschichte verblüffen. Woher kam diese einzelne Brise, durch die der jungen Mutter die Karte aus der Hand geweht wurde? Es war während unseres gesamten Essens und auch auf unserem Weg hin und zurück nicht der leichteste Windhauch gegangen. Zweitens: Wenn Scott den Schrei wirklich herausgebracht hätte, hätte die Frau vielleicht zu uns herübergesehen und wäre dabei erst recht in den Bus gelaufen. Es war der Wind, der dafür sorgte, dass sie sich umdrehen musste – in die Richtung, die ihr und ihrer Tochter das Leben rettete. Der vorbeifahrende Bus hatte nicht den Windhauch erzeugt. Im Gegenteil – die Brise war genau aus der entgegengesetzten Richtung gekommen.

Ich habe keinen Zweifel daran, dass es ein Atemhauch Gottes war, der sie beide bewahrte. Aber das Ehrfurchtgebietende an diesem Wunder ist, dass sie nie davon erfahren wird. Als wir zu unserer Arbeit zurückgingen, fragte ich mich, wie oft Gott wohl in unserem Leben handelt, ohne dass wir uns dessen überhaupt bewusst sind. Der Unterschied zwischen Leben und Tod kann wirklich in einer ganz kleinen Sache liegen.

Wunder wehen oft leise und völlig unbemerkt durch unser Leben!

Engel – Gottes unsichtbare Helfer

Sabine Bockel

Fast 300 Bibelstellen erzählen vom Dienst der Engel. Der Hebräerbrief bringt ihre Aufgaben auf den Punkt: Sie sind „Diener, ... Wesen der unsichtbaren Welt, die denen zu Hilfe geschickt werden, die am kommenden Heil teilhaben sollen" (Hebräer 1,14). Engel stehen denen bei, die nach Gott fragen, schützen sie und überbringen Botschaften von Gott.

So haben sie in scheinbar aussichtslosen Situationen darüber gewacht, dass die guten Pläne Gottes mit einem Menschen nicht verhindert wurden. Ein Engel hielt den Löwen das Maul zu, als Daniel in die Löwengrube geworfen wurde (Daniel 6,23). Ein Engel führte den Apostel Paulus aus dem Gefängnis heraus – und versetzte ihm dazu einen spürbaren Rippenstoß (Apostelgeschichte 12,7). Ungezählt sind die Berichte aus unserer Zeit von brenzligen Situationen im Straßenverkehr. Oft scheint es, als habe in letzter Sekunde ein Engel das Schlimmste verhindert und sich zwischen zwei

Fahrzeuge gequetscht. Oder sich zwischen ein Kind und ein Auto gestellt. Billy Graham hat einmal gesagt: „Engel wachen über uns: sie ebnen unseren Weg. Sie überwachen die Ereignisse unseres Lebens und setzen alles daran, die Interessen Gottes zu wahren, seinen Plan auszuführen und seinen Willen für unser Leben zu verwirklichen." Und in harten Zeiten stehen sie denen zur Seite, die Gott lieben. Dem erschöpften Propheten Elia bringen sie Wasser und Brot. Und Jesus, den Sohn Gottes selbst, stärken sie in seinem schwersten Kampf im Garten Gethsemane.

Engel sind auch zu intensiver Freude fähig. Sie freuen sich, wenn sie sehen, wie sich der Wille Gottes auf der Erde erfüllt. Sie freuen sich über jeden Menschen, der sein Leben Jesus Christus anvertraut. Wie bewegend muss es für sie sein, wenn einer aus der Schar der Engel entscheidene Ereignisse der Weltgeschichte ankündigt! Vielleicht vibrierte der ganze Himmel vor Freude, als der Engel Gabriel zu Maria geschickt wurde, um ihr zu verkünden, dass sie den Sohn Gottes zur Welt bringen würde. Und in der Nacht von Jesu Geburt erschien die Menge der himmlischen Herrscharen und lobte Gott.

Engel gehören sozusagen zu Gottes „Team". Sie sind nicht klein und pummelig, wie es die Bilder in barocken Kirchen vermitteln. Sie bilden die himmlischen Herrscharen und sind leidenschaftlich engagiert für Gott.

Die Engel sind also Gottes Heer. Gott ist der Heerführer – die Bibel spricht in diesem Zusammenhang vom „Herrn der Herrscharen". Das sind Worte, die militärisch klingen. Aber sie rufen nicht zu Gewalt, sondern decken nur auf, in welcher Realität wir leben. Nämlich in einer Welt, um die Gott mit seiner Liebe wirbt, während gleichzeitig böswillige Mächte versuchen, sie ins Verderben zu ziehen. Dabei kämpfen die Engel auf der Seite des Siegers, denn Christus hat durch sein Sterben und Auferstehen diese dunklen Mächte besiegt. Und einmal, am Ende der Zeit, wird sein Sieg für alle sichtbar sein.

*Derselbe Jesus, der Wasser
in Wein verwandelte,
kann Ihr Leben und
Ihre Zukunft verändern.
Er ist noch immer
in der Wunderbranche tätig,
und seine Branche ist die
Branche der Veränderung.*

Adrian Rogers

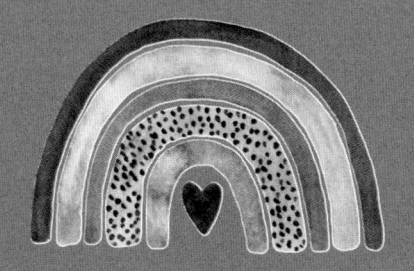

„Und der Herr war nicht im Sturm ..."

Elisabeth Schoft

Ich liebe Geschichten. Ich mag es, wenn der Titelheld einer Geschichte ein brenzliges und gefährliches Abenteuer besteht und dann am Ende irgendwie alles gut wird. Aber keine dieser erfundenen Geschichten ist so spannend wie die Geschichten, die man mit Gott erleben kann. Ich habe schon immer Menschen bewundert, die abenteuerliche, aufregende und außergewöhnliche Geschichten über ihre Abenteuer mit Gott zu erzählen hatten. Sie handelten von Missionaren in Afrika oder Menschenfischern im Großstadtdschungel. Von Kindern, die schon früh lernen mussten, wie hart das Leben und die Schläge der eigenen Eltern sein können. Ich hörte auch von Menschen, die auf die schiefe Bahn geraten sind und mit Drogen, Gewalt oder okkulten Mächten zu kämpfen hatten. Doch in all diesen mitunter schwierigen Lebensumständen und Erlebnissen war Gott mächtig am Wirken. Aber meine Geschichte mit Gott ist anders.

Ich habe mein Leben lang um ein Wunder oder Erlebnis gebeten, das man in Büchern festhalten könnte, falls man mal die Gelegenheit dazu hätte. Konkrete Vorstellungen, wie genau das aussehen sollte, hatte ich dabei nicht. Und so ließ ich Gott bezüglich Planung und Ausführung völlig freie Hand – es sollte nur möglichst deutlich sein. Ich wollte mein großes Wunder ja schließlich nicht verpassen. Und so wartete ich. Aber das erbetene große Wunder blieb aus.

Während ich also wartete, ging das Leben weiter. Ich zweifelte an mir während der heißen Phase des Abiturs – aber kein Mega-Wunder in Form von Jahrgangsbestnoten passierte. Ich haderte mit mir und war unsicher über den Weg, den ich beruflich einschlagen sollte. So lebte ich vor mich hin und hätte ein Abenteuer mit Gott gut gebrauchen können. Oder zumindest ein Wunder als Ermutigung und Stärkung in meinem Alltag. Einfach ein kleines Zeichen, dass Gott mich und meine Bitte um ein Wunder nicht vergessen hatte. Aber es kam nichts. Bis mir eines Tages die Geschichte von Elia in den Kopf geschossen ist. Ich habe sie in der Bibel, in 1. Könige 19, nachgelesen. Darin wird beschrieben, wie sich Gott Elia zeigen will: indem er an ihm „vorübergeht", wie es in Vers 11 heißt. Wow, so etwas Spektakuläres wäre auch ganz nach meinem Geschmack gewesen. Und Elia wartete, so wie ich. Plötzlich stürmte es ganz gewaltig. Ich kann mir vorstellen, dass Elia bestimmt alle Mühe hatte, sich auf den Beinen zu halten. Doch Gott war nicht im

Sturm. Auf den Sturm folgten ein Erdbeben und ein Feuer, doch auch dort war Gott nicht. Dann hörte Elia ein leises Säuseln, einen Windhauch. Und in diesem leichten Windhauch ging Gott an Elia vorüber.

Während ich mich noch fragte, warum Gott sich einen eher unspektakulären Auftritt für Elia ausgesucht hat, fiel es mir auf: „... und der Herr war nicht im Sturm." Ich hatte die ganze Zeit auf ein Wunder gewartet. Gewissermaßen auf meinen persönlichen Sturm. Doch während des ganzen Wartens übersah ich fast das Eigentliche: dass man Gott nicht nur in großen Wundern erlebt, sondern auch in den kleinen Dingen. Im leisen Windhauch eben.

Das hat nicht nur die Sachlage, sondern auch mein Denken gehörig verändert. In diesem Moment wurde mir bewusst, dass ich Gott jeden Tag erlebe, und dass dies kein einmaliges großes Ereignis sein muss. Ich sehe ihn im Sonnenaufgang, höre ihn im Vogelzwitschern oder in einem Lied. Ich habe durch Gott Bewahrung im Ausland erlebt – und er hat mich in den letzten Jahren bestimmt vor unzähligen Unfällen bewahrt. Nur durch Gottes Hilfe habe ich letztlich einen Studienplatz für meinen Traumstudiengang bekommen. Als es fast aussichtslos war, eine Wohnung zu finden, schickte er mir die richtigen Menschen über den Weg. Ich bin mit ihm auf die Suche nach meiner blauen Lieblingsmütze gegangen, die ich verloren hatte. Wir haben sie gemeinsam gefunden.

Rückblickend erkenne ich so viele Gelegenheiten, in denen er ganz nah bei mir war. Auch wenn sich diese Abenteuer klein und unbedeutend anhören mögen, sie sind es wert, sich an sie zu erinnern und ihnen Beachtung zu schenken. Das Gute daran ist: Man verschwendet nicht so viel Zeit mit Warten auf ein großes Wunder. Sondern man erlebt ganz viele kleine Wunder. Jeden Tag aufs Neue.

Das Gesicht in die Sonne strecken

Melanie Jung

In jedem Menschen steckt ein Stück von Gottes Schönheit und Einzigartigkeit, so auch in mir. Wie eine Blume bin ich an einem bestimmten Standort gepflanzt. Selten habe ich hier optimale Bedingungen. Manchmal weht ein rauer Wind. An anderen Tagen geht es heiß her oder es liegt Gewitterspannung in der Luft. Weh tut es, wenn ich mich mit Füßen getreten fühle. Ein anderes Mal bleibe ich im Regen stehen. Auch passt nicht jede Nachbarpflanze zu meinen ganz eigenen Bedürfnissen. Manche haben Dornen, dafür aber wunderbare Blüten. Andere sind ein echter Segen für mich, weil mir ihre Nähe einfach guttut. Meine Aufgabe ist es, mich und meine Standortbedingungen anzunehmen. Dann kann ich mich im Rahmen meiner Möglichkeiten anpassen und entfalten und ich kann aufblühen.

Zwei Dingen will ich meine Aufmerksamkeit schenken. Ich will gut verwurzelt sein, unabhängig von professioneller Pflege. Ich will mich nähren an dem, was mich stärkt. Und ich will mich der Sonne entgegenhalten, so wie die Blumen ihr Gesicht zur Sonne strecken. Ich will nicht ständig schauen und hören, was die anderen über mich sagen, oder mich mit anderen Blumen vergleichen. Sondern meinen Wert als Geschöpf Gottes wahrnehmen. Ich will staunen über Gottes Zusagen und mich ihm entgegenstrecken.

In einem alten Kirchenlied heißt es: „Wie die zarten Blumen willig sich entfalten und der Sonne stille halten, lass mich so still und froh deine Strahlen fassen und dich wirken lassen." Ich suche mir täglich einen ruhigen Platz, um still und froh Gottes Strahlen zu fassen. Die gehen im Alltagstrubel so schnell unter. Und ich nehme mir dabei Zeit, mich ihm hinzuhalten und ihn wirken zu lassen.

Dabei werde ich frei, aufzublühen und meine Umgebung neu wahrzunehmen. Ich entdecke, dass gerade die Herausforderungen und Widrigkeiten des Lebens mich reifen lassen und prägen. Und manchmal erahne ich die Möglichkeit, dass auch in mir – genau wie in der schlichten Blume am Wegesrand – etwas von Gottes Schönheit und Einzigartigkeit zum Ausdruck kommt.

Gott hat alles in seiner Hand

Max Lucado

Diese Erde ist Gottes Wartezimmer. Wir warten darauf, dass er gibt, heilt, hilft. Und weil wir nicht erkennen, was er vorhat, werden wir ungeduldig. Aber genau wie ein Bühnendirektor, der im Hintergrund alle Schauspieler und das Bühnenbild vorbereitet, bereitet Gott genau nach seinem vollkommenen Plan Ereignisse vor. Warte einfach ab, dann wirst du es sehen.

Das Puzzle des Lebens

Wenn wir die Teile eines Puzzles auf den Tisch kippen, ist kein Bild zu erkennen. Die meisten von uns fangen vermutlich mit den Randstücken an, und dann orientieren wir uns an dem Foto des fertigen Bildes auf dem Deckel der Schachtel. Aber was ist, wenn wir die Teile zusammensetzen müssen, ohne das fertige Bild zu kennen?

Genau so ist unser Leben. Gutes und Schlechtes sind auf dem Tisch des Lebens verstreut, und es ist kein Bild zu erkennen. Nichts passt. Und wir wissen noch nicht einmal, wie das fertige Bild aussehen soll.

Dann bleibt uns nur eines übrig: Wir müssen vertrauen. Wenn schon der Puzzlehersteller die richtigen Teile liefert, damit am Ende alles passt, wie viel mehr weiß dann erst der Schöpfer-Gott, wie unsere Puzzleprobleme zu einem wunderschönen Bild zusammengesetzt werden!

Wenn die verstreuten Teile kein Bild ergeben, dann dürfen Sie wissen, dass Gott das Puzzle Ihres Lebens schon fertig zusammengesetzt hat. Betrachten Sie es mit seinen Augen und vertrauen Sie ihm.

*Denn Weisheit bedeutet mehr,
als nur Probleme mit den Augen Gottes
zu sehen – Weisheit bedeutet auch,
ihm sogar dann zu vertrauen,
wenn die Teile des Puzzles scheinbar
nicht zusammenpassen.*

Joni Eareckson Tada

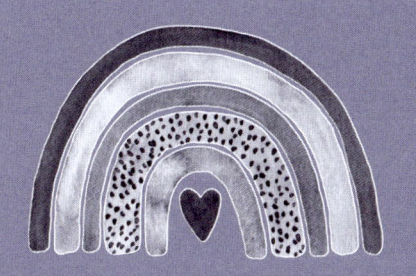

Zukunft und Hoffnung

Jennifer M. Bleakley

Denn du hast eine Zukunft, und deine Hoffnung wird nicht enttäuscht werden.
Sprüche 23,18

Das jämmerliche Jaulen des Hundes schnitt Ruth ins Herz. Einerseits liebte sie die ehrenamtliche Mitarbeit im Tierheim und Zeit mit den Hunden zu verbringen, andererseits fand sie es schrecklich, wenn sie diese wieder in ihre Zwinger sperren musste.

Sie kniete sich hin und beugte sich zu dem liebenswerten Beagle-Mix-Rüden hinunter, der an dem Drahtzaun heraufsprang, der ihn vom Spielbereich trennte.

„Ach, mein Kleiner", sagte sie und holte ein Belohnungshäppchen aus der Tasche. „Ich weiß, es ist nicht schön, dass ich dich jetzt wieder einsperren muss. Aber glaub mir, bald kommt der Tag, an dem das alles hier hinter dir liegt."

Der Hund, dem sie den Spitznamen „Moonpie*" gegeben hatten, schluckte das Leckerli in einem Happs hinunter und berührte ihre Hand mit der Pfote, um einen Nachschlag zu bekommen.

Ruth kicherte. „Na, immerhin lässt du dich bestechen."

Mit zwei weiteren Leckerlis in der Hand brachte sie den Hund zurück zu seinem kleinen Zwinger und schloss die Tür. Moonpie nahm die Leckerlis, zog sich in die hinterste Ecke des Verschlages zurück und legte sich, den Kopf zwischen den Pfoten, hin.

Ruth saß im Schneidersitz auf dem Zementfußboden vor dem Zwinger und steckte die Finger durch die Öffnungen in der Absperrung, die sie von dem Hund trennte.

„Na gut, ich mach dir einen Vorschlag, Moonpie*", begann sie, als würde sie mit einem Freund sprechen und nicht mit einem niedergeschlagenen Hund. „Du bist hier nicht glücklich. Und ich verstehe das. Es ist laut und es stinkt und es ist überhaupt nicht gemütlich. Mir würde das auch nicht gefallen. Aber die Wahrheit ist, hier ist es besser als auf der Straße, wo wir dich aufgelesen haben. Hier bist du in Sicherheit. Du wirst versorgt und bekommst zu essen."

Als wüsste er, dass er in ihrer Rede eine wichtige Rolle spielte, stand Moonpie auf, kam herüber und hielt ihr seine schwarze Nase hin. Sie rieb seine Schnauze.

„Also, du verstehst", sagte sie und rutschte hin und her, „auch wenn es hier nicht gerade toll ist, ist es besser als vorher. Und jetzt kommt die richtig gute Nachricht:

---

* Eine bestimmte Sorte Doppelkeks mit einer Füllung dazwischen, ähnlich wie „Prinzenrolle" oder „Oreo" (Anm. d. Übers.).

Dieser Platz ist nichts im Vergleich zu dem, wo du einmal hinkommst."

Ruth hatte sich riesig gefreut, als sie erfahren hatte, dass Moonpie in ein paar Tagen zu der Familie ziehen würde, die ihn dauerhaft bei sich aufnehmen wollte. „Wo du hinkommst, wird es ganz toll sein. Ich glaube, sie haben sogar Kinder, mit denen du spielen kannst! Dann hast du das alles hier ganz schnell vergessen. Du wirst bald so glücklich sein wie noch nie zuvor in deinem Leben, weil du dann zu Hause bist."

Zu Hause. Während Moonpie Ruth die Hand leckte, dachte sie an ihre Großmutter, die gerade in ein Hospiz gezogen war. Ruth liebte sie sehr und bewunderte ihren festen Glauben.

„Ach, Ruth", hatte sie gesagt, als sie in ihrem Hospizbett lag, „hier gefällt es mir nicht. Zu viele Menschen. Zu viel Lärm. Und ich bin so müde."

Sie sah so unglücklich aus, dass es Ruth das Herz brach. Vergeblich versuchte sie, tröstliche Worte zu finden. Was hätte sie auch sagen können?

Aber während Ruth jetzt sanft Moonpies Wange streichelte, hatte sie den Eindruck, dass das, was sie gerade dem Hund gesagt hatte, auch für ihre Großmutter galt. Gerade in diesem Augenblick, mitten im lauten Tierheim, kam es ihr vor, als würde sie hören, wie Gott ihrer Großmutter zuflüsterte: *Bald hast du das alles hier vergessen. Bald wirst du so glücklich sein wie noch nie zuvor in deinem Leben. Bald bist du zu Hause, mein geliebtes Kind.*

Ein Gebet

Jennifer M. Bleakley

Gott, wenn ich all den Schmerz, die Not und die Verzweiflung in dieser Welt sehe, bin ich manchmal so verzweifelt. Es fällt mir dann schwer, die Hoffnung nicht zu verlieren. Aber du hast versprochen, dass du mich niemals im Stich lässt.

Durch das, was dein Sohn Jesus Christus am Kreuz getan hat, versprichst du mir Leben im Überfluss, dass ich immer geliebt bin und bei dir zur Ruhe kommen kann. Hilf mir, auf dich zu vertrauen, denn nur du schenkst wahre Hoffnung. Ich freue mich darauf, dass ich eines Tages für immer bei dir sein werde.

Unterwegs Richtung Himmel

Jürgen Werth

Den Himmel können wir uns nicht vorstellen. Und, Hand aufs Herz, wir wollen es meist auch nicht. Zu sehr haben wir uns in den Mutterboden dieser Welt eingewurzelt. Und zu fremd ist uns dieses unbekannte Land.

Dabei ist es so real wie der Schreibtisch, an dem ich dieses Buch schreibe. Und wie die Welt, auf die ich aus meinem Fenster schaue. Aber eben nicht mit meinen fünf Sinnen zu erfassen. Es ist darum kaum vorstellbar, dass es dahinter und darüber und darüber hinaus eine ganz und gar andere Welt geben soll! Da geht's uns wie den Zwillingen im Bauch der Mutter, von denen der Heidelberger Neutestamentler Klaus Berger einmal unnachahmlich eindrucksvoll erzählt hat:

Woche für Woche lebten sie dort in ihrer Bauchwelt, wurden allmählich größer, vernünftiger und kritischer und begannen, die Welt, in der sie lebten, zu erforschen. Dabei entdeckten sie eines Tages die Schnur, die sie mit ihrer Mutter verband und durch die sie ihre tägliche Nahrung erhielten. Geradezu begeistert waren sie von dieser Entdeckung: „Die Liebe unserer Mutter muss unendlich groß sein! Sie teilt ihr Leben mit uns!"

So verging Woche für Woche. Aber etwas begann sich zu verändern und sie spürten und ahnten, dass sie die wohlbehütete Bauchwelt der Mutter eines Tages würden verlassen müssen.

„Aber ich will hier nicht weg!", protestierte der eine. „Hier kenn ich mich aus. Hier ist alles gut. Hier bin ich versorgt. Ich will nicht geboren werden!"

„Wir haben aber keine Wahl!", sagte der andere. Um seinen Mitzwilling aber gleich zu trösten: „Wer weiß, vielleicht gibt es ja ein Leben nach der Geburt!"

Das wiederum konnte sich der erste Zwilling aber so gar nicht vorstellen. Ihre Lebensschnur würden sie verlieren. Und damit die Grundlage ihrer Existenz. Wie sollten sie ohne Nabelschnur leben können? Und was hieße schon, es gebe vielleicht ein Leben nach der Geburt? Schließlich hatten schon andere vor ihnen den Bauch der Mutter verlassen und keiner ist bisher zurückgekommen.

„Mit der Geburt ist alles aus!", klagte er. „Aber damit hat das ganze Leben ja eigentlich keinen Sinn! Was soll das alles? Wer weiß, ob es überhaupt eine Mutter gibt!"

Der andere protestierte: „Aber natürlich gibt es sie! Wir leben in ihr! Wir leben von ihr! Ohne sie gäbe es uns überhaupt nicht!"

„Aber hast du sie je gesehen?", zweifelte der erste. „Am Ende haben wir sie uns nur ausgedacht. Sie existiert nur in unserer Vorstellung. Sie ist eine Projektion unserer tiefsten Ängste und Sehnsüchte!"

So waren die letzten Tage vor der Geburt vor allem von Sorgen und Fragen erfüllt. Doch endlich kam die Stunde der Geburt. In der neuen, unbekannten Welt öffneten die Zwillinge vorsichtig und ängstlich ihre Augen und schrien. Was sie sahen, übertraf ihre kühnsten Erwartungen.

Eine herrliche Geschichte, oder? Die Zwillinge – das sind wir. Wir leben im Bauch der Welt. Sind gefangen in Raum und Zeit. In drei Dimensionen. Gefangen im Gestern, Heute und Morgen. Wir ahnen vielleicht, dass wir von Gottes Kraft leben. Dass er sein Leben mit uns teilt und dass wir nur deswegen atmen können. Aber wir können uns die Welt „da draußen", Gottes andere Welt, nicht vorstellen. Wir können nur vertrauen. Ihm alles zutrauen. Weil er der Schöpfer ist. Die Mutter und der Vater. Wir können uns ihm nur anvertrauen. Dem Gott, der in Jesus unser lieber Vater ist. Und uns in aller Schwäche auf seine Stärke verlassen. Und uns schon jetzt still freuen. Denn eines Tages wird's uns – den Glaubenden – und denen, die nicht glauben wollen oder nicht glauben können, so gehen wie diesen Zwillingen. Da werden wir sehen. Und verstehen. Und nichts mehr fragen. Da schreien dann die einen vor Begeisterung, die anderen vor Erschütterung. Es gibt die Mutter! Es gibt ein neues Leben! Es gibt Gott! Und er ist unser lieber Vater, der es immer und in allen Lebenslagen gut gemeint hat mit uns. Der uns mit seiner Stärke getragen hat. Und alles ergibt auf einmal einen Sinn. Auch das Schwerste, das uns aufgeladen worden ist. Und wir werden begeistert sein. Eine ganze Ewigkeit lang.

Jesus ist die Auferstehung und das Leben.
Keiner unserer Verluste endet im Tod.
Jeder von ihnen endet im Leben.

Sharon G. Brown

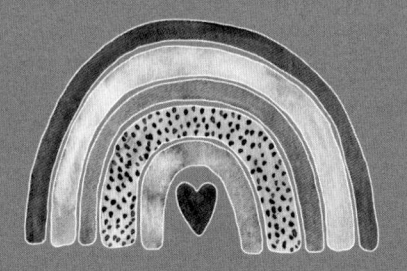

Du bist berufen – ein Segen für dich

Der Herr segne dich und behüte dich.
Er schütze dich vor Erschöpfung und Einsamkeit.
Er lasse sein Angesicht leuchten über dir.
Er vertreibe die Dämonen der Angst und Dunkelheit
und schicke dir seine Engel der Zuversicht und des
    Lichts.
Der Herr sei dir gnädig.
Er erlöse dich von allem „du musst und du sollst"
und führe dich in die Freiheit des
„du bist stark und du kannst".
Der Herr hebe sein Angesicht auf dich.
Der Herr lasse dich spüren,
was er dir zutraut und zu welcher Aufgabe
er gerade dich berufen hat.
Und er gebe dir Frieden.
Der Herr schenke dir die Gelassenheit
und die Stille,
die dir in der Unsicherheit dieser Zeit guttut
und eine Quelle der Kraft und Inspiration ist.
Amen!

Pastor Rainer Chinnow

Quellenverzeichnis

S. 10: Sigrid Haas: *Leere Hände füllen*, aus der Zeitschrift Lydia 02/2024, Abdruck mit freundlicher Genehmigung der Autorin

S. 13: Elke Ottensmann: *Der Regenbogen*, Auszug aus einem Artikel der Zeitschrift Lydia 03/2013, Abdruck mit freundlicher Genemigung der Autorin

S. 15: Anonym: *Kann es nicht sein, wie es einmal war?*, aus: Andi Weiss (Hg.): Ich weiß, es kommen wieder gute Tage. © Gerth Medien 2017

S. 20: Zitat zum Thema Zweifel, anonym, aus: Alice Gray, Ein Liebesbrief vom Himmel, © Gerth Medien 2006

S. 21: Nelli Bangert, *Gott reicht mir die Hand*, aus: Bangert/Neufeld/Neudorf: Unendlich geliebt, 52 Andachten für Mädchen mit Liebesbriefen von Jesus, © Gerth Medien 2014

S. 23: Sharon G. Brown, *Meine Kraft ist in den Schwachen mächtig*, aus dem „Meine Zeit Kalender 2022" (Gedanken zum Januar), © Gerth Medien 2021

S. 26: Max Lucado, *Wenn Jesus sagt: „Lernt von mir!"*, aus: Max Lucado, 3:16 – Zahlen der Hoffnung, © Gerth Medien 2008

S. 29: Rebecca St. James: *Überrascht von Gott*, aus: Alice Gray (Hg.), Hotline nach oben, © Gerth Medien 2010

S. 32 Francine Rivers: *Auf der Suche nach Sicherheit*, aus: F. Rivers, Psalmen der Schöpfung, © Gerth Medien 2018

S. 35: Max Lucado: *Verlass dich auf Gottes Verheißungen* – der Beitrag ist eine Zusammenstellung zweier Texte aus: Max Lucado, Was Gott dir verspricht. 30 starke Zusagen für dein Leben, © Gerth Medien 2020, und ders.: Fürchte dich nicht, denn ich bin bei dir. 366 ermutigende Andachten, © Gerth Medien 2024

S. 43: Jennifer M. Bleakley: *Wenn ein Wunsch in Erfüllung geht*, aus: J. M. Bleakley, Hoffnung kommt auf leisen Pfoten, © Gerth Medien 2021

S. 47: Jennifer M. Bleakley: *Lernen, auf Gott zu warten*, aus: Bleakley, Hoffnung kommt auf leisen Pfoten, © Gerth Medien 2021

S. 48: *Ein Liebesbrief von Gott*, aus: Sarah Young, Ich bin bei dir, 366 Liebesbriefe von Jesus, © Gerth Medien 2011

S. 49: Lydia Bucci: *Das Fenster für Gott öffnen*, aus dem „Meine Zeit Kalender 2024" (Gedanken zum Juni), © Gerth Medien 2023

S. 52: Carmen Ibe: *Gottes Sehnsucht nach dir*, © alle Rechte bei der Autorin, Abdruck mit freundlicher Genehmigung

S. 54: Tim Hansel: *Geküsst von einem Engel*, aus: Alice Gray (Hg.), Das beste Geschenk der Welt, © Gerth Medien 2013

S. 56: Ann Tait: *Die Kraft des Lächelns*, aus: Alica Gray (Hg.), Pflaster fürs Herz. Storys für Teens, © Gerth Medien 2001, 2009

S. 71: Arthur Gordon: *Das Geschenk des Glaubens*, aus: Geschenke des Himmels, © Gerth Medien 2008

S. 74: Francine Rivers: *Eine Gelegenheit zur Freude*, aus: F. Rivers, Psalmen der Schöpfung, © Gerth Medien 2018

S. 77: *Zwei Hemden*, aus: Alice Gray (Hg.), Hotline nach oben, © Gerth Medien 2010

S. 78: Heike Malisic: *Dank für die alltäglichen Dinge*, aus: Ein dankbares Herz ist ein glückliches Herz, © Lydia-Verlag 2019

S. 81: Silvia Konstantinou: *Die Brille der Dankbarkeit*, aus dem „Meine Zeit Kalender 2015" (Gedanken zum April), © Gerth Medien 2014

S. 83: Ellen Nieswiodek-Martin: *Der erste Gedanke*, aus: E. Niedwiodek-Martin (Hg.), Neue Montagsgedanken, © Lydia-Verlag 2018

S. 85: Jürgen Werth: *Warum Stille lebensnotwendig ist*, aus: Jürgen Werth, Pssst! Ruhe finden in einer lauten Welt, © Gerth Medien 2010

S. 88: *Ruhe für die Seele*, aus: Bei dir kommt mein Herz zur Ruhe. 365 Andachten für Frauen, © Gerth Medien 2013 (ohne Autorenangaben)

S. 93: Clarissa Gröschen: *Aufblühen in Gottes heilsamer Nähe*, aus: Verena Keil (Hg.), Wunder inklusive. Wahre Storys für Teens (unter dem Titel „Aufblühen mit Jesus"), © Gerth Medien 2018

S. 99: Astrid Harbeck: *Musik in meinen Ohren*, aus: Ellen Nieswiodek-Martin, Segensspuren in meinem Leben, © Lydia-Verlag 2019

S. 106: Sharon G. Brown, *Das Gebet der liebenden Aufmerksamkeit*, aus dem Roman der Autorin „Unterwegs mit dir. Vier Frauen auf einer Glaubensreise", © 2020 Gerth Medien

S. 108: Halberstam/Leventhal: *Wunder*, aus: Alice Gray (Hg.), Per Anhalter in den Himmel, Geschichten für Teens, © Gerth Medien 2003, 2018

S. 111: Sabine Bockel: *Gottes unsichtbare Helfer*, ein Auszug aus dem gleichnamigen Beitrag in der Zeitschrift Lydia 04/2013, Abdruck mit freundlicher Genehmigung der Autorin

S. 115: Elisabeth Schoft: *„Und der Herr war nicht im Sturm ..."*, aus: Verena Keil (Hg.), Chillen mit Jesus. Wahre Geschichten für Teens, © Gerth Medien 2012, 2019

S. 119: Melanie Jung: *Das Gesicht in die Sonne strecken*, aus dem „Meine Zeit Kalender 2021" (Gedanken zum August), © Gerth Medien 2020

S. 121: Max Lucado: *Gott hat alles in seiner Hand*, aus: Drei Minuten mit Gott, © Gerth Medien 2016

S. 122: *Das Puzzle des Lebens*, aus: Christina Vinson (Hg.), Alltagsoasen, 365 x Ruhe für die Seele, © Gerth Medien 2019

S. 124: Jennifer M. Bleakley: *Zukunft und Hoffnung*, aus: J. M. Bleakley, Hoffnung kommt auf leisen Pfoten, © Gerth Medien 2021

S. 128: Jürgen Werth: *Unterwegs Richtung Himmel*, aus: Ich halte dich. – Gott, © Gerth Medien, 2013, 2023

S. 133: Rainer Chinnow: *Du bist berufen*, aus: Fiedler/Heintze (Hg.), Ein Himmel voller Segen, Wahre Geschichten vom Segen und Gesegnetwerden, © Gerth Medien 2021

Ermutigung mit Psalm 23

"So unterschiedlich die Texte auch sind, sie bezaubern, unterhalten, bringen einen zum Innehalten, Nachdenken, auch Mal zum Schmunzeln, aber vor allem schenken sie Hoffnung."

Leserstimme

Unzählige Menschen wurden durch Psalm 23 bereits ermutigt und getröstet. Die sorgsam zusammengetragenen Geschichten, Gedanken und Zitate rund um den wohl bekanntesten aller Psalmen begleiten durch Höhen und Tiefen. Und machen Mut, dem guten Hirten unseres Lebens zu vertrauen, egal, in welcher Situation wir gerade stecken.

Mit hoffnungsvollen Texten von Charles H. Spurgeon, Jürgen Werth, Sefora Nelson, W. Phillip Keller u.v.m.

GerthMedien

Verena Keil (Hg.) • Ich bin dein guter Hirte
Gebunden • 144 Seiten • ISBN 978-3-95734-971-2

Wahre Hoffnungsgeschichten

„Andi Weiss hat wieder schöne Geschichten und Erzählungen gesammelt. Etwas für die Seele und das Herz …"

Leserstimme

Hier erzählen Menschen von ihren guten Erfahrungen inmitten belastender Lebenssituationen. Ehrlich, ungeschönt und hoffnungsvoll. Die Bandbreite zeigt, dass unerwartete, wundersame Wendungen möglich sind. Auch dann, wenn die Umstände aussichtslos zu sein scheinen. Was die Geschichten miteinander verbindet, ist die tröstliche Erfahrung, dass Menschen auch in schwierigen Situationen die Gegenwart Gottes ganz real erleben durften.

Andi Weiss (Hg.) • Bis ans Ende der Welt
Gebunden • 208 Seiten • ISBN 978-3-95734-901-9
Auch als E-Book erhältlich unter: 978-3-96122-562-0

GerthMedien

Ermutigende Gedanken für trübe Tage

„Gott ist da! Diese Zuversicht trägt die Herausgeberin mit liebevoll ausgewählten Texten und Psalmen in einem wunderschönen Buch zusammen. Gute Themen, genau zur richtigen Zeit. Unbedingt lesenswert!"

Leserstimme

Mutlosigkeit, schwierige Zeiten oder negative Gedanken sind wie düstere Regenwolken am Himmel. Sie versperren uns den Blick auf die Sonne. In genau diesen Situationen brauchen wir jemanden, der uns die Sicht wieder freimacht, damit wir ins Licht schauen können. Die Geschichten, Gedanken und Zitate in diesem Buch wollen Mut machen, neue Kraft schenken und zeigen, dass Gott immer an unserer Seite ist. Mit hoffnungsvollen Texten von Max Lucado, Jürgen Werth, Alice Gray, Rainer Haak, Andi Weiss, Rosemarie Dingeldey, Francine Rivers, Martin Luther, Søren Kierkegaard und vielen anderen.

GerthMedien

Ingrid Boller (Hg.) • Ich schenk dir ein paar Sonnenstrahlen
Gebunden • 144 Seiten • ISBN 978-3-95734-696-4